Camille FONDET

Deux Interviews

Chez un Philosophe

PARIS
V. GIARD & E. BRIÈRE
Libraires-Éditeurs
16, RUE SOUFFLOT ET 12, RUE TOULLIER

1909
Tous droits réservés

Chez un Philosophe

DEUX INTERVIEWS

Chalon-s.-Saône. – Imprimerie Française et Orientale, E BERTRAND

Camille FONDET

Chez un Philosophe

·•—•—•·

DEUX INTERVIEWS

PARIS

V. GIARD & F. BRIÈRE

Libraires-Éditeurs

16, Rue Soufflot, et 12, Rue Toullier

1909

Dédicace

A Monsieur le Docteur ✦✦✦

Mon cher Docteur,

Nos idées sont bien différentes.

Vous vous enthousiasmez pour l'âme humaine, vous êtes un croyant ; chez moi, rien de ces pensées, au contraire.

C'est-à-dire que, vous et moi, avec la même ardeur, nous admirons les beautés de la nature, nous contemplons les grandeurs de l'Univers, et nous nous extasions devant les merveilles de la vie.

Mais, tandis que vous croyez, vous, à une deuxième existence spirituelle, que vous ne pouvez cependant pas expliquer ; moi, je ne crois qu'à la matière qui se transforme sans cesse, ce que je vois.

Aussi vous l'appréciez notre première existence, malgré tout le mal que vous y voyez, et moi, précisément à cause de ce mal, je dis : Pourquoi faire ?

Oui, pourquoi la vie, puisque, déjà si pleine de maux et de malheurs inhérents à elle-même, elle est encore rendue plus difficile par la faute de tous ? Pourquoi faire, puisque ce n'est que désillusions ?

Mais non ; de par la loi de la nature, la vie est chère à tous et, plutôt que de ne pas être, l'homme aime encore mieux s'apitoyer, se plaindre et souffrir.

Alors, que ne voulons-nous, tous, que cette vie vaille au moins d'être vécue !...

Qu'importe ! Je me permets de vous dédier ces quelques pages, peut-être trop noires, mais certainement sincères, récit de deux interviews que j'ai pu retrouver chez un reporter qui n'est plus.

Et vous les accepterez, j'en suis sûr, parce que vous êtes bon, que vous ne savez rien refuser, et qu'elles laissent, en dépit du mal, un sérieux et brillant idéal : Le bonheur et l'élévation de l'Humanité.

A vous de tout cœur,

Camille FONDET.

Beaune, le 10 Mars 1909.

N. B.

Bien des pensées émises dans les pages qui vont suivre, ont été, sans doute, déjà mille fois mieux exposées ailleurs; il n'y a du reste, dit-on, rien de nouveau sous notre vieux soleil.

Mais combien peu sont nombreux ceux qui lisent tous ces gros et beaux livres de haute érudition!

Ceci est publié sans prétention, pour tous. Et ce n'est du reste qu'une simple causerie.

C. F.

AVANT

Il y a deux manières de voir les choses qui concernent la vie :

— On peut les voir sous un aspect spécial, plutôt fantaisiste, pour n'être frappé que par leur beauté.

— On peut les voir sous un aspect juste et réel, au risque d'être choqué par leur laideur.

D'un côté, on reste avec des illusions mensongères; de l'autre, on a la vérité.

Lequel est le mieux ?

Pour nous il n'y a pas à hésiter.

Nous préférons la vérité dans sa crudité, parce que c'est... la vérité.

Et nous pensons qu'avec elle, quoique dure, surtout avec elle, il est possible de s'élever et de se grandir.

A un tas de fumier, on peut préférer une gerbe de fleurs; soit! mais n'oublions pas que celles-ci ne sont venues que par celui-là.

C. F.

Première Journée

I

Gaston Rozy, fameux interviewer d'un grand journal, ayant eu quelques semaines de congé, en profita pour aller faire un voyage d'agrément qu'il songea bientôt à changer en une simple cure d'air, dont il avait surtout besoin.

Il vint en Auvergne et, afin de se mieux reposer de la vie agitée qu'il avait toujours, il chercha un petit hameau perdu, sauvage même, pour s'abriter et se recueillir.

Et c'est dans un coquet chalet, agréablement situé sur une colline boisée, d'où la vue s'égarait dans une délicieuse vallée toute fraîche de verdure, qu'il fixa son séjour. C'est là qu'il se disposa à passer ses vacances en menant une vie douce et paisible, voisine de la paresse.

Mais, au cours de ses promenades le long de la rivière qui arrose la contrée, il apprit, tout en causant avec les paysans de la récolte de l'année ou des coutumes du lieu, qu'un homme très original, à la vie étrange et énigmatique, habitait non loin de là dans un vieux château isolé et à moitié en ruines.

On lui raconta même sur cet homme, vivant absolument à l'écart des autres, certaines histoires tellement extraordinaires qu'il en resta fort intrigué.

Si bien que son esprit de journaliste reprit le dessus et le reporter, en lui, triompha. Aussi, malgré le repos dont il avait rêvé, malgré le bien-être qu'il éprouvait déjà de sa nouvelle vie tranquille. il voulut savoir ce qu'il y avait de vrai et de faux dans tous les bavardages du pays et pénétrer le mystère qui planait sur ce misanthrope inconnu.

Il crut voir là, du reste, une bonne occasion

de passer une partie de son temps d'une façon intéressante et il pensa qu'il trouverait peut-être, là encore, matière à composer un ouvrage et, ainsi, l'occasion de travailler tout en se reposant de ses occupations ordinaires.

Donc, un beau jour, après avoir déjeuné, Gaston Rozy prit sa canne et, au lieu d'aller, comme les jours précédents, flâner mélancoliquement au hasard de son inspiration rêveuse, il s'enfonça sous bois, par un chemin qui lui fut indiqué comme plus direct, et arriva bientôt près d'une vieille grille rouillée, soutenue péniblement par des piliers de taille tout couverts de mousse.

*

Là, il était devant la demeure mystérieuse de cet homme dont la vie intriguait tous les habitants de la contrée.

Alors Rozy chercha une cloche ; mais pourquoi y aurait-il eu une cloche dans cette demeure où il ne venait jamais de visiteurs ? Il ne vit qu'un superbe chien de garde couché en maître devant la porte d'une tour qui se dessinait à travers les arbres. Et le chien, qui le vit aussi, aboya ; ce fut la cloche.

Peu après, une vieille femme apparut, regarda du côté de la grille ; mais ce fut tout. Elle se dit, la vieille, que le monsieur qu'elle apercevait n'était qu'un curieux, un promeneur, et elle allait rentrer à la cuisine, quand Gaston Rozy impatient fit des signes qui la décidèrent pourtant à venir voir ce qu'il voulait.

Elle arriva doucement, bien doucement, suivie du chien qui, en fidèle gardien, s'était levé pour l'accompagner, et demanda :

— Eh ben ? Qu'est-ce qu'y a pour vot' service ?

— Je voudrais rendre visite à M. le comte de Falanges, répondit Rozy.

Et la brave femme en resta toute ahurie. Que voulait-il celui-là ? Il n'était pas du pays, bien sûr, puisqu'il ne savait pas que son maître n'était pas visible ; et, s'il n'était pas du pays, que pouvait-il désirer ?

— Not' monsieur ne reçoit jamais, dit enfin la vieille.

Elle venait de tourner les talons, quand Rozy qui, comme reporter, avait triomphé de sérieux obstacles pour arriver où il voulait, poussa la grille, entra quand même et avança dans l'avenue ; aussi la bonne femme, le voyant près d'elle, reprit très vivement :

— Mais ousque vous allez donc, vous ?

— Voir M. le comte, repartit Rozy avec assurance.

— Alors que vous êtes sourd ? Puisque je vous ai dit que not' maître ne recevait jamais.

— Je ne suis pas sourd ; mais je pense que votre maître voudra peut-être bien consentir à une exception en ma faveur.

— Ça, j'crois pas !... Eh ! pourquoi d'ailleurs qu'il ferait une exception pour vous, not' monsieur ?

— Parce que je ne viens ni pour l'ennuyer, ni pour le contrarier dans ses habitudes et sa manière de voir... Voulez-vous lui demander s'il veut bien me recevoir ? Je vous attends ici. Et vous lui expliquerez, à votre maître, que je suis une personne qui ne demande qu'à apprendre, qu'à s'instruire ; vous lui direz...

— Est-ce que je pourrai jamais m'rappeler tout ça, interrompit la vieille.

Mais, tout en causant, Gaston Rozy avait préparé sa carte avec quelques mots et, la remettant à la femme :

— Tenez, ma brave dame, dit-il, veuillez porter cela à M. le comte de Falanges. Ainsi, vous n'aurez pas besoin de mémoire, mais seulement d'un peu de complaisance.

La vieille tourna un peu la carte entre ses doigts en réfléchissant, puis se décidant :

— Après tout, dit-elle, si j'ons rien à dire, j'voulons ben tout de même.

Elle retourna au château, le chien la suivant toujours, tandis que Rozy attendait la réponse tout en regardant autour de lui, et les vieux arbres séculaires étendant leurs rameaux au loin, et des restes de fossés à présent tout garnis de broussailles, et l'antique construction plutôt délabrée qui se découvrait à ses yeux à mesure qu'il faisait quelques pas en avant.

Après une longue attente, qui disait l'hésitation du maître, elle revint pourtant, la vieille, et son sourire montra tout de suite à Gaston Rozy qu'il avait triomphé.

— Ben ! j'sais pas c'que vous avez écrit, vous, m'sieur, dit-elle aussitôt ; mais j'en reviens pas, moi, de vous voir reçu par not' maître.

Quoi qu'il en soit, l'interviewer franchit le seuil de la porte d'honneur du château et, après avoir gravi un large escalier tout écorné et bordé d'une belle rampe en tailles fort disjointes, puis longé un immense vestibule au carrelage disloqué, fut introduit dans le cabinet de travail du comte de Falanges.

C'était un fort bel homme que le comte de Falanges ; aussi, avec sa bonne tenue malgré son grand âge, sa réelle distinction, il fit une imposante impression sur son visiteur qui le salua de son mieux, tout en restant fort intimidé.

Rozy avait été reçu par de très hauts personnages, par des hommes illustres ; mais, jamais encore, il n'avait éprouvé la gêne qu'il ressentit en entrant auprès de cet homme mystérieux. L'inconnu de celui qu'il visitait lui disait plus que tous les titres des autres déjà vus.

Mais le comte se leva, s'avança, lui désigna un siège d'un geste si courtois et si aimable, qu'il ne resta pas longtemps sous le coup de sa timidité passagère. Il sentit, du reste, bien vite, que l'homme, qui lui avait été dépeint sous un jour presque effrayant, était, en somme, un parfait gentleman et il retrouva son assurance ordinaire.

— C'est sans doute très audacieux de ma part d'avoir voulu vous visiter, monsieur le comte, dit alors Rozy; mais je vous ai annoncé mon rôle dans ce monde ou, si vous préférez, mon métier dans cette vie, et c'est là mon excuse.

— Mais c'est précisément parce que vous êtes ce que vous m'avez dit, je veux dire : *Repor-*

ter, que je vous ai ouvert ma demeure, répondit le comte.

Gaston Rozy remercia et le maître des lieux continua :

— Je dois vous dire qu'en ce domaine, il ne vient que les marchands de victuailles pour la vie matérielle et le facteur qui m'apporte la vie intellectuelle. Encore, ne font-ils tous que passer ; ici, personne n'entre. Mais, par votre rôle dans notre société, monsieur, vous tenez à la Presse qui, seule, maintenant, m'unit au monde et voici pourquoi, je vous le répète, je vous ai reçu. Votre visite ne sera du reste qu'exceptionnelle. Si vous pouvez revenir encore, d'autres du moins frapperaient inutilement à ma porte. Je dois d'ailleurs importer bien peu à tous.

Gaston Rozy se félicita de l'heureuse chance qui l'avait amené là si à propos, dit son bonheur d'avoir pu pénétrer en ce lieu si fermé et remercia encore vivement son hôte de son bon accueil.

— En venant ici, monsieur le comte, ajouta

Rozy, j'ai eu, je le confesse, plutôt un simple sentiment de curiosité intéressée. Je voulais d'abord savoir et je gardais l'espoir de composer après. Pouvait-il d'ailleurs en être autrement sous l'impression que j'étais des racontars d'alentour? Mais, dès maintenant, je comprends qu'il ne s'agit plus pour moi d'une nouvelle à écrire et je sens que je n'ai plus à m'occuper des histoires qui se colportent au dehors. Je me trouve, — tout me le dit ici, — devant un philosophe, un penseur, et je sollicite l'honneur de l'entendre. Avec vous, monsieur le comte, je suis sûr d'avoir beaucoup à apprendre.

— Vous me flattez, interrompit M. de Falanges, et vous vous illusionnez sans doute sur ma personne.

— Non; j'en suis certain, reprit encore Rozy, un homme comme vous ne se retire pas du monde sans raisons et, s'il se retire, c'est pour travailler, pour méditer. Aussi serais-je heureux de vous entendre exprimer vos pensées, dire vos croyances, exprimer vos doctrines. J'ajoute que je n'ose vous demander qu'un résumé, mais que ma satisfaction sera d'autant plus grande que vous voudrez bien parler plus longuement. Et je vous demanderai de m'autoriser à prendre des notes, même plus que des notes. Je voudrais transcrire vos paroles. Ainsi, ce ne sera plus moi qui composerai, comme je l'avais pensé d'abord, ce sera vous-même.

— Si vous le voulez, répondit M. de Falanges en s'inclinant. D'ailleurs ce que je vais vous dire aura peut-être un certain intérêt pour ceux qui lisent peu et, au moins, le mérite de provoquer quelques réflexions utiles. Au reste la Presse me donne trop pour que je puisse lui refuser ce que vous me demandez. Toutefois ne vous faites pas illusion ; je n'ai aucune prétention à la science et je ne veux parler ici qu'en homme qui a beaucoup vu et beaucoup pensé. Je dirai selon ma raison et mon cœur, toujours simplement, pour être compris de tous.

— C'est le mieux, ajouta encore Rozy ; aussi je vous écoute avec la plus scrupuleuse attention.

Et, si je me permets de vous faire quelques objections, ce ne sera, soyez-en certain, que pour mieux provoquer vos idées et, ainsi, mieux connaître toute votre pensée. Quant à l'abus que je ferai peut-être de votre complaisance, vous me le pardonnerez, je veux le croire, puisque vous avez accepté cette conversation de si bonne grâce et que vous avez décidé qu'après moi ce sera bien fini de vos propos et de vos dires.

II

Le comte réfléchit un instant, tout en tortillant sa belle moustache blanche, puis il se prit à parler; et sa voix agréablement sonore, qui avait déjà charmé Rozy, lui laissa, encore plus, l'impression d'une charmante et imposante sincérité.

— Je suis bien le comte de Falanges, dit-il; mais il n'y a sans doute que cela de vrai dans tout ce que l'on a pu vous dire de moi; c'est peu.

Je sais que l'on raconte sur mon compte une foule d'histoires fantastiques; tout est faux. Vous l'avez du reste pressenti.

Ce qui est vrai est peu intéressant, plutôt banal. Je vais vous le conter quand même, en quelques mots, pour la forme. Vous en jugerez vous-même.

N'allez pas croire, au moins, que mon désir soit que vous puissiez démentir les histoires ridicules que l'on raconte sur moi, lesquelles n'ont à peine de vrai que le point de départ. Non, laissez parler. Vous l'avez dit, il n'y a pas à s'occuper de tous ces racontars et je n'ai pas à les rectifier chez mes voisins.

Constatons seulement, à ce sujet, combien est grande la puissance de l'inconnu sur l'imagination des hommes. On ne sait pas, on veut paraître savoir, on invente ; le mystérieux a tant de charmes et il est si bon de le pénétrer selon sa fantaisie.

C'est du reste sous cette impression de l'inconnu, sous cette force du mystérieux, que se sont créées mille légendes, enfantées les croyances, instituées les doctrines. C'est ainsi que se sont fondées les religions ; c'est par cette puissance que l'on a toujours fait marcher les hommes ; c'est par elle... ; mais n'allons pas si vite.

**

— Je reviens à mon histoire : Je suis bien, vous ai-je dit, le comte de Falanges ; mais je m'empresse de vous assurer que je ne tiens absolument pas à mon titre. C'était peut-être bon au moyen âge, ces marques de distinction; mais maintenant !?...

D'ailleurs, en admettant qu'un de mes ancêtres l'ait mérité, ce titre, par sa conduite, son courage, de quel droit le porterais-je d'une façon absolument juste, sinon légale? Mon ancêtre, qui fut anobli, pouvait être un grand homme et moi n'être qu'un coquin. Il en est du reste souvent ainsi dans la descendance des familles.

Puis, les titres ont-ils été toujours l'apanage du bien? N'ont-ils pas été, au contraire, souvent la reconnaissance du mal? N'est-ce pas, parfois, pour récompenser des vilenies, des crimes même, qu'ils ont été accordés?

Dans un sens inverse faudrait-il donc blâmer et rejeter toute la descendance d'un coupable, alors même que, dans celle-ci, ne seraient que des modèles de conduite? mais ce serait inique!

En vérité, chacun ne peut et ne doit être

responsable que de ses actes, qu'ils soient bons ou mauvais ; voilà la justice.

Que signifie du reste cette différence entre les hommes ? Ne sont-ils pas tous de même composition, de même pâte ? Ne sortent-ils pas tous du même principe de vie ? Les uns ont eu plus de chance que les autres, voilà tout ; sinon, peut-être, plus de finesse et d'astuce.

Il est vrai que beaucoup se sont élevés par le travail ; mais souvent le mérite vient surtout du fait d'être le fils d'un certain père ; ce n'est pas beaucoup. Et il ne vient même que de là, quand il s'agit de titres, de noblesse ou d'héritage.

Certes, il peut être flatteur, au moins en apparence, de pouvoir dire : « Nous autres, dont les ancêtres ont fait ceci et cela... » Mais, quand cette gloire-là est tout le mérite de l'individu, on peut affirmer qu'il est plus flatteur, en réalité, de pouvoir dire : « Je n'étais rien et voilà où je suis monté. »

Au-dessus de l'héritage que l'on peut faire de la valeur des autres, il y a sa valeur à soi. Le fils de ses œuvres vaut mieux que le « *fils à papa* ».

En tous cas, ce n'est plus de nos jours ces titres-là. Tout cela est faux, choquant, sous une République déjà ancienne et l'on peut même se demander comment on a toujours le droit de se parer du titre d'un autre, — autre quoique ancêtre, — puisqu'un titre n'est pas un nom, et comment ces restes moyenâgeux ne sont pas encore abolis par la loi ? On voulait pourtant les annuler avant la République ; mais la République est venue et ces bonnes volontés, comme tant d'autres, ont été oubliées. Nos politiciens pensèrent plutôt aux choses irréalisables.

— C'est comme les décorations. Qu'est-ce que cela signifie ? Cela rappelle seulement les écoliers de petites classes auxquels on donne la croix le samedi, s'ils ont été bien sages pendant la semaine. En réalité, ces rubans, ornant les boutonnières, restent enfantins.

Encore si on ne les donnait, ces décorations, qu'à ceux qui les ont méritées ; je veux dire à ceux qui, par leur valeur, se sont élevés bien au-dessus, tout au-dessus des autres ; alors, elles auraient comme une raison. Mais non. Pour un homme qui pourrait mériter cette exception d'honneur, cent ne sont que les favorisés du pouvoir et du hasard ou les élus de l'ancienneté, c'est peu ; bien peu pour laisser une valeur quelconque à ces bouts de rubans, qu'ils soient violets, jaunes ou rouges.

Je n'insiste pas plus ; j'ai seulement voulu vous faire sentir la sottise de ces fameuses décorations et l'injustice qui règne dans leur distribution, surtout que bien des hommes, parfois les plus capables, sont souvent oubliés.

Mais quoi ? Comme les titres nobiliaires, on critiquait les décorations avant la République. Et la République est venue, s'est installée, et elles sont toujours. Que dis-je ? On les prodigue plus que jamais. C'est inouï !

A moins, cependant, que la pensée maîtresse

de cette prodigalité soit de rabaisser la valeur de ces distinctions... Alors, que l'État les gaspille plus encore ; qu'il en donne à tous ceux qui en demandent. Après, on pourra mieux compter et féliciter les autres.

*
* *

— Ainsi là, dans les détails, comme dans les choses importantes, on berne les hommes. Pourquoi nos grands hommes d'État s'amuseraient-ils d'ailleurs à réformer de si petites choses ? Cela les rabaisserait. Ils ne veulent, eux, que faire superbe et grandiose pour être plus en vue et ils ne savent souvent que se perdre dans des solutions impossibles. Le vide leur va mieux que le fretin des réformes et le peuple bonasse attend toujours. C'est son rôle.

Quand on est dans le bas, on voit ce qu'il y a à faire ; on ne voit plus de même quand on est en haut. La vision, selon où l'on se place, est, en effet, différente. Après tout, ce qui, pour l'un, est une montée, demeure pour l'autre une descente.

Et les décorations, qui reposent sur l'orgueil des hommes, leur vanité, ont été inventées pour les conduire plus facilement et les attacher au pouvoir. Et le pouvoir les garde pour mieux tenir en mains certains hommes, tout comme on fascine et mène les femmes avec des diamants. On a commencé, on continue.

Bref, j'ai toujours refusé toutes distinctions et je ne suis plus, si vous voulez bien vous le rappeler, que monsieur Jarcot; c'est mon nom patronymique.

— Je tâcherai de m'en souvenir, monsieur le comte;... oh ! pardon !... Je voulais dire monsieur Jarcot, répondit Rozy en souriant... Mais je me rappellerai certainement votre grand désintéressement, lequel témoigne de votre extrême sagesse et de votre haute intelligence.

Monsieur Jarcot, que nous n'appellerons plus le comte de Falanges pour ne pas choquer sa modestie et ses principes, avait sonné; une fillette arriva; c'était la petite fille de la vieille femme qui, tout à l'heure, avait répondu à l'interviewer. Elle apportait un plateau garni de deux bouteilles et de deux verres.

— Tous les jours, à cette heure, je bois un peu de bière, dit le vieillard en se levant pour prendre une des bouteilles ; vous ne me refuserez pas, j'espère, de me tenir compagnie ?

Et, ayant rempli les verres, puis offert un cigare à son visiteur, il se remit dans son fauteuil.

— Savez-vous, monsieur, reprit-il, que je suis tout étonné de pouvoir m'exprimer, — quoique fort mal, — encore aussi bien que je le fais? Songez donc! il y a des années, — dix, je crois, — que, pour toute conversation, je dis simplement quelques mots par jour. Mes braves serviteurs sont au courant de ma vie, de mes habitudes ; ils savent mes désirs, les prévoient, je n'ai même pas à demander. Aussi je vous prie d'excuser mon langage qui n'est, sans doute, guère digne de l'Académie, de laquelle du reste je me soucie fort peu... L'Académie ! mais il sera temps de l'apprécier quand elle représentera une supériorité réelle. Pour l'instant, il y a certainement, — soit dit en passant, — bien plus de capacités en dehors d'elle que dans elle ; ce n'est qu'une coterie.

*
* *

Alors ces messieurs burent un peu, allumèrent leurs cigares et M. Jarcot continua :

— Mais je m'oublie ; je dois vous dire mon histoire. La voici dans sa simplicité :

Ma famille est originaire de Bourgogne. Quand mon père mourut, — ma mère, elle, n'était plus, hélas ! depuis longtemps déjà, — mon frère aîné eut en partage la terre qui venait de nos ancêtres et moi les quelques titres de rente, d'une valeur équivalente, qui se trouvaient dans le portefeuille de notre cher mort.

Alors, mon frère était déjà marié ; moi, j'étais garçon. Et, avec un esprit chercheur, désireux d'apprendre, d'étudier, de voir et de connaître les hommes, je voyageai quelques années. Je parcourus beaucoup de pays étrangers et lointains.

A mon retour, je vins chez mon frère. Là, je rencontrai une jeune fille qui me parut charmante, — les jeunes filles paraissent toujours charmantes quand on est jeune soi-même, — et je l'épousai. J'avais trente ans, ma femme en avait vingt-deux ; il semblait que le bonheur nous était absolument réservé. On a tant d'illusions quand on se marie !

Malheureusement, nous ne vîmes pas les choses sous le même jour, ma femme et moi ; aussi nos cœurs ne sympathisèrent bientôt plus. Mes études me faisaient désirer le calme et accentuaient mes idées positivistes ; ma femme, au contraire, toujours dans les nuages, ne rêvait que d'une vie éthérée et se perdait dans des idées insensées, allant jusqu'à mêler l'amour et le mysticisme.

La fin de tout cela ne se fit pas attendre. Ma femme, pensant sans doute y trouver le ciel, tomba dans les bras d'un moine et, les surprenant, j'eus le tort et la naïveté de le tuer, n'ayant pas pris le temps de réfléchir que c'était ma femme la plus coupable et que c'était d'elle surtout dont j'avais à me débarrasser, le divorce n'étant pas alors encore rétabli. On était en 1864.

*
* *

— Le fait est que si je ne crois pas qu'en principe un mari ait, — comme l'a dit feu Alexandre Dumas fils, — le droit de tuer sa femme coupable, je ne vois guère, pour lui, la manière de s'en débarrasser pour recouvrer son entière liberté, — à laquelle il a droit pourtant, — étant donné le mariage indissoluble.

Et voilà pourquoi, — le droit de mort du mari sur sa femme ne pouvant exister, — le divorce, autre porte de sortie du mariage, doit être. Nous en recauserons.

Quant à la mort du moine, quelles réflexions peut-elle inspirer ? Jugez vous-même ; j'aurais peur d'être impartial.

Je dis seulement : Je sais bien que c'est payer très cher un petit moment de bonheur que de mourir pour lui. Je sais que le mâle, — moine ou non, — est dans son rôle en recherchant la femelle. Je sais qu'il peut y avoir, en dehors de l'acte charnel, des sentiments qui atténuent la faute commise, mais je sais aussi que c'est à la femme à se défendre, puisqu'elle a, elle, des engagements d'amour que l'amant n'a souvent pas et une responsabilité spéciale, celle des enfants à naître. Je sais surtout que l'on n'a pas le droit de tuer... Mais songez que personne, non plus, n'a la liberté de prendre le bien et surtout le bonheur d'un autre; songez à l'attachement réel et profond qu'un mari peut avoir pour sa femme, attachement qui peut renaître d'un coup, même après l'amour brisé, en souvenir des premières heures passées; songez à la vanité blessée d'un mari trompé, à son orgueil meurtri; songez à son emportement possible, subit et involontaire...

*
* *

— Bref, je fus naturellement poursuivi, mais acquitté. Toutefois, mon frère, lui, ne me pardonna point. Selon lui, j'aurais dû tout accepter « *ad majorem Dei gloriam* ». Pauvre frère ! Sa montre retardait diablement, n'est-ce pas ?

Après cet événement, qui fit beaucoup de bruit, — beaucoup trop de bruit ! — et fut la base de tant d'histoires aussi fausses que stupides, je restai complètement séparé de mon frère que je ne revis qu'une heure avant sa mort et j'oubliai ma femme qui, depuis longtemps déjà, paraît-il, est allée retrouver son amant dans l'au-delà... Grand bien leur fasse ! à ces amoureux, d'être ensemble, là-bas, dans cet autre monde qu'ils disaient espérer, mais dont ils doutaient pourtant, puisqu'ils jouissaient, d'abord, pour plus de sûreté, des plaisirs d'ici-bas.

Enfin, ayant reconquis ma liberté, je repartis en voyage et, à nouveau, j'errai un peu partout, m'arrêtant où il y avait à apprendre, voyant tout et pensant toujours.

Mais j'ai trop vu, trop réfléchi, pour garder quelques illusions ; j'en suis arrivé à être un désabusé de la vie.

Alors, ayant trouvé un petit castel très isolé,

je l'ai acheté et j'y reste dans le calme absolu, sans même me donner la peine de l'entretenir, pensant que les murs tiendront debout encore plus longtemps que moi. J'y attends la mort.

J'ai soixante-dix ans bien sonnés ; je pense n'avoir plus beaucoup à attendre.

III

Après un instant de silence, pendant lequel il sembla absorbé par ses pensées, M. Jarcot reprit la parole :

— Je vous disais donc que je suis un désabusé de la vie. Je suis matérialiste et, partout où je regarde, je vois noir, parce que je vois vrai.

Pourtant, je me plais à voguer doucement sur l'inconnu et j'aime à me laisser bercer dans des rêves. Je cherche même souvent, sur cette route, un port nouveau tout plein de charme et d'espérance pour reposer mon esprit parfois troublé ; mais je ne le trouve pas ce port si désiré ; je ne découvre que des contrées, charmantes peut-être, mais toujours trompeuses. Alors, le vent de la vérité m'emporte à nouveau et, confiant en lui, je le laisse m'orienter. Après, je reviens toujours à la cruelle réalité.

Certes, les fleurs de l'imagination sont belles

souvent et, souvent aussi, fort parfumées; mais elles passent vite..., comme les autres.

Pauvres fleurs ! Leurs couleurs s'effacent, leurs corolles s'envolent ; il ne reste, après, que le calice et la tige, arides et sèches, pour soutenir une graine banale ; une graine, qui n'a d'autre mérite que l'espoir d'une vie nouvelle, vie aussi fragile, aussi éphémère, que celle qui l'a produite.

Et, partout, après le rêve, après l'idéal entrevu, c'est pour toute vie, même pour les hommes, un retour à la vile matière.

En vérité, dépouillés de ce qui les pare, que sont-ils ces pauvres hommes ? J'ai beau chercher ; je ne trouve pas. Si ; rien presque. Et je ne puis voir autrement.

Que voulez-vous ? Je sens tellement que notre individu est peu, même absolument nul devant l'infini des mondes et des siècles ; je sens si bien que notre corps chétif, qui n'est qu'un petit amalgame de matière momentanément animée, ne compte pas plus dans la nature que le plus petit des microbes et le plus simple des protozoaires, que j'estime que les hommes sont absolument insignifiants sur notre planète, qui reste elle-même, malgré son énormité, comme égarée dans l'immensité.

**

— Aussi, je me dis qu'ils devraient bien, ces petits vertébrés, qui s'appellent hommes, se rendre compte de leur insignifiance et de leur infériorité, plutôt que de songer seulement à se tromper, à se dominer et à s'exploiter ; qu'ils devraient, précisément à cause de cette faiblesse, songer, au contraire, à se soutenir, à se protéger mutuellement dans les malheurs et les difficultés de la vie.

Sont-ils donc trop heureux sur cette terre qu'ils pensent surtout à se quereller et à se nuire ? Sont-ils donc trop forts qu'ils dépensent tant de leur puissance à lutter les uns contre les autres, même à se détruire ?

Au contraire, ils sont plutôt malheureux et faibles. Ils sont, en plus, si peu sensés qu'ils ne comprennent même pas qu'en gaspillant contre leurs semblables, ce qu'ils ont de volonté et de talent, ils agissent contre eux-mêmes, ils se nuisent.

Qu'ils seraient plus grands, pourtant, s'ils savaient unir leur pensée ! Qu'ils seraient plus puissants, s'ils pouvaient concentrer leurs efforts ! Qu'ils seraient plus heureux, s'ils voulaient être meilleurs et s'aimer !

Mais non ; les hommes ne veulent pas comprendre et je crois bien qu'ils ne comprendront jamais. Les bienfaits évidents d'une solidarité sérieuse et vraie demeurent trop au-dessus d'eux. Les passions, et surtout l'égoïsme, les aveuglent.

Aussi, je gémis sur leurs erreurs, je les plains dans leurs discordes incessantes, quand je ne ris pas de leurs sottises et de leurs prétentions grotesques à trouver le bonheur, n'importe par quel moyen, là où il n'est pas.

Ah ! oui, ils s'abusent les hommes. Ce n'est pas en continuant la vie qu'ils se sont faite qu'ils trouveront jamais le bonheur réel. Ainsi, ils sacrifient plutôt les quelques satisfactions qu'ils pourraient encore récolter en ce bas monde, car les vraies satisfactions ne peuvent être que par le devoir accompli et l'amour de tous.

— Quand je considère la nature humaine, je la trouve mauvaise. Voyez plutôt les enfants, image de l'homme vrai. Comme ils sont généralement batailleurs, méchants entre eux et pour les bêtes, comme ils se plaisent à faire le mal. Cet âge est sans pitié !

Plus grands, les enfants ne sont pas beaucoup mieux ; les illusions ne les changent guère. Alors ils songent encore à brimer leurs camarades, même leurs frères d'infortune, au lieu de les aider.

Hommes, ils ne sont pas meilleurs, au contraire ; une raison faussée les ramène à une triste réalité. Et ils se perdent.

Ici, ce sont les forts que l'on adule, quand on pourrait les empêcher de nuire à leurs semblables ; là, ce sont les faibles que l'on accable, quand on devrait les soutenir.

Partout, c'est la jalousie, la rancune, la haine ; c'est aussi la fourberie et l'ingratitude. Ce ne sont que luttes et discordes. En vérité, on méconnait trop ses devoirs, on s'oublie dans l'insouciance et le bien-être d'un instant ; on trahit sa conscience. Chacun pense trop à soi et oublie trop les autres.

En fait, l'intelligence a son mauvais côté ; elle permet le développement du mal comme du bien, surtout du mal qui est excité par l'amour de soi.

Puis, tandis que les hommes se laissent aller à leurs impulsions mauvaises, les nations, faites de la réunion des hommes, subissent, naturellement, ces mêmes influences. Elles, aussi, ont les mêmes procédés coupables, les mêmes passions égoïstes. Elles se jalousent, se trompent, se querellent et la guerre est le triste couronnement de nos mauvaises et pernicieuses inspirations.

Aussi, quand, dans chaque pays, j'étudie les

mœurs et les coutumes, quand je considère les lois, où se trouvent tant de vices et d'erreurs, quand je vois toute la servitude et la cruauté qui demeurent encore chez les hommes, je constate que notre pauvre espèce n'a pu faire, encore, qu'un bien petit progrès en dépit des siècles passés et je souffre pour elle.

J'en arrive même, en approfondissant la situation d'ensemble de plus près, à désespérer de l'avenir. Pourront-ils jamais même, les hommes, atteindre à une vie plus digne, plus juste, et avoir la force et la volonté d'être véritablement des hommes ?

Non ; je n'espère rien... Je désespère plutôt, malgré moi ; je voudrais tant pouvoir espérer toujours. Et, devant le mal qui est, je me demande où sont les bienfaits de l'existence ?

— Ah ! certes, il y a du bon dans la vie et le peu de temps que nous passons sur la terre pourrait encore être agréablement vécu, au moins en apparence, quand on ne regarde la vie que sous son aspect aimable.

A côté du travail utile et attrayant, à côté des satisfactions intellectuelles, il y a, pour nous, des jouissances de toutes sortes. Nous avons les beautés de la nature et ses produits délicieux ; il y a la famille, les amis, les arts ; il y a de belles et aimables femmes, il y a des fleurs !

Mais combien peu d'êtres peuvent jouir de tout cela ! Pour la plupart n'est-ce pas seulement des sujets de tristesse, de désirs et d'envie ? Avec la famille, les amis, l'amour, n'y a-t-il pas sans cesse des illusions qui s'envolent ? Et les biens de la terre, quand on peut seulement les entrevoir, ne sont-ils pas un mécompte de plus ?

Puis, à côté des charmes que peut donner l'existence, que n'y a-t-il pas aussi ? Chaque plaisir n'est-il pas suivi de peines ? Y a-t-il jamais des roses sans épines, un bonheur sans regrets ? La satisfaction des uns n'est-elle pas souvent le chagrin des autres ?

D'autre part, ne faut-il pas compter avec les

maladies, les accidents, les calamités de toutes sortes ? Ce sont encore les famines, les épidémies, les tempêtes, les cataclysmes; ce n'est jamais fini ! On dirait que la nature se plaît à renverser nos projets, à détruire nos travaux, à nous accabler, à nous déverser misères sur misères pour ajouter à nos peines.

Et, comme si ce n'était pas assez de tout cela, nous aggravons encore nos malheurs par notre audace, notre incohérence, notre mauvais vouloir et nos vices. Quelle aberration de nos idées !

— Ah ! certes, il y a de grands cœurs parmi les hommes ; il y a des amitiés puissantes, des abnégations profondes, des dévouements immenses ; dans le malheur il y a des mains qui se tendent vite pour secourir ; à côté des vampires, il y a des héros, comme il y a des vertueux et des sages. Et tout cela laisse une réelle satisfaction dans les cœurs de ceux qui aiment le bien; mais ceux-ci, les bons, les grands, ne font pas assez école ; ils restent l'exception. Heureux encore s'ils ne sont pas victimes de leurs actes généreux et si on reconnaît leur valeur après leur mort, alors que les jalousies ne peuvent plus être et que les haines doivent fatalement s'éteindre.

La masse des hommes se contente d'admirer les beaux caractères ; mais c'est tout. En étant bon on a toujours peur d'être dupe. Ainsi, on ne cherche pas à devenir meilleur; on cherche seulement à cacher le mal. On se pare de grands mots, on parle de désintéressement, de générosité, de grandeur d'âme. Que ne dit-on pas ? L'hypocrisie seule y gagne.

Il est vrai que, dans cette masse d'hommes, il y a encore quantité de braves gens, qui, sans être très bons, ne sont du moins pas mauvais. Ceux-là coulent une vie calme, sans bruit et, si l'on n'en parle guère, c'est que l'on aime, avant tout, à causer de choses sensationnelles. Au surplus, tous, quand même, mus surtout par l'égoïsme, défendent leur butin et leur peau. En somme, sans trop penser aux autres, chacun fait ses affaires.

*
* *

— On cherche, avant tout, à monter les degrés du temple de la Fortune ; on cherche, surtout, à y monter avant les autres. On veut arriver au faîte, on veut embrasser la déesse, la posséder, et c'est à qui l'aura. C'est la ruée du succès !

Pour cela, on se trémousse, on se bouscule, on s'écrase, on marche sur les vaincus du sort. C'est la grande lutte pour la vie, pour le triomphe ! lutte où est petit, bien petit, le nombre de ceux qui arrivent. Encore arrivent-ils souvent si fatigués, si rompus, si fourbus, que cette victoire, qu'ils ont eue, ne leur vaut que peines et souffrances, plutôt que jouissance et bonheur.

Et c'est après avoir tant forcé pour si peu, que l'on ressent peut-être mieux le vide de l'existence, le néant de sa conquête. Pourquoi tant de tracas et de misère pour si peu conquérir et être, après, toujours, seulement devant la mort ?

La fortune, la gloire, ne sont, en somme, que

de bien petits charmes dans la vie. Et que reste-t-il de tout cela ? Nous n'emportons rien dans la tombe et notre bagage, abandonné à d'autres ou perdu, n'a pas compté longtemps pour nous.

*_**

— Pour la bien juger du reste, cette vie, il ne faut pas seulement voir quelques hommes qui semblent heureux ; il ne faut pas se prononcer après quelques jours de bonheur que l'on a récolté par hasard ; il ne faut pas juger par quelques satisfactions éphémères ; il ne faut pas seulement regarder autour de soi ; nous sommes l'exception. Et pourtant, près de nous, que de misères ne trouverait-on pas, si on voulait voir ?

Mais allez donc dans les autres pays, où la civilisation est à peine apparente, là où, malgré les siècles, la barbarie fait que la justice est inconnue et le crime permanent. C'est là qu'il faut peser la réelle valeur de l'existence, puisque ces pays-là sont la majorité.

— Oui, voyagez et vous verrez. Allez visiter les

pays sauvages ou demi-sauvages, même ceux déjà reconnus comme plus avancés dans les degrés de la civilisation et vous verrez.

Vous verrez que les hommes ne sont là guère que des bêtes de somme, que leurs corps n'est presque que comme une chose, qu'ils ne sont nés que pour le malheur et une vie basse, sinon faits pour la torture. Allez et vous verrez.

Vous verrez des existences impossibles, des vies affreuses, toutes de privations, de misère et de souffrances, que l'on ne voudrait pas ici pour nos coupables. Allez et vous verrez !

Je sais bien que les peines sont moins dures pour ceux qui ne savent pas les jouissances possibles, que les désirs sont moindres pour ceux dont la mentalité est atrophiée; je sais que les hommes peuvent supporter une vie plus vile, quand ils ne connaissent pas une vie plus élevée ; mais encore faut-il que cette vie humaine ne soit pas, parfois, si dégradée et si rude.

Songez surtout, qu'ainsi que je vous l'ai dit, ces pays aux mœurs si misérables, sont si nombreux qu'ils sont presque tout sur la terre, et jugez !

Moi, je ne juge pas les hommes par un coin de notre Europe ; je juge l'Humanité.

*
* *

— Après tout, qu'est-elle donc notre association humaine, même là où elle se croit supérieure ? Mais, là, elle ne repose guère que sur la comédie et l'intérêt. Voyez dans les régions les plus civilisées. Écoutez plutôt comme tout sonne faux autour de nous.

Étudiez les dessous politiques et sociaux, sondez les tripotages financiers et les trucages commerciaux, écoutez le langage mondain. Pesez les gestes de ceux-ci et de ceux-là ; scrutez les convictions et les dires ; regardez bien, et vous verrez tout ce que fait faire l'intérêt, l'orgueil et l'amour de soi. C'est partout au plus malin, à celui qui pourra abuser de la sottise humaine qui demeure insondable.

Et tout cela ne donne pas le bonheur ; il s'en

faut !... Le bonheur ? Mais regardez-la bien, cette vie, et vous penserez comme moi. Voyez chez les miséreux, voyez même chez les opulents, le bonheur n'y est pas. Il n'est pas plus ici qu'il n'est là.

Si, dans la mansarde, il y a les privations, ailleurs il y a la fièvre des richesses, les luttes de la vanité, les froissements du pouvoir; il y a encore le spleen et les mille malaises que laisse la satiété.

Ici et là n'y a-t-il pas, d'ailleurs, toutes les petites misères inhérentes à la vie, misères qui troublent la tranquillité et détruisent les rêves ? Ici et là n'y a-t-il pas, sans cesse, regrets et désespoir ?

Il apparaît quelquefois le bonheur et il réside, heureusement ! à la cabane comme aux riches demeures ; mais, partout, il ne reste guère qu'un instant. C'est comme un éclair.

Il passe vite le bonheur ; et après ? après, c'est encore les chagrins. Soulevez le voile des familles, fouillez les cœurs et vous verrez. Vous trouverez même des peines, surtout des peines, avec l'affection et l'amour, sentiments si bons pourtant, si précieux toujours.

A part quelques satisfactions passagères, ici c'est la discorde, là c'est la ruine, partout c'est le déboire et le désenchantement, les illusions qui s'envolent, puis enfin la maladie, la mort... La mort qui, pour la nature, n'est qu'une nouvelle transformation et qui, pour beaucoup, est peut-être le premier jour de bonheur. Ceux qui restent et qui pleurent sont les seuls qui soient à plaindre... et même pas toujours.

— Et c'est parce que la vie est pénible partout, mille fois plus pénible encore ailleurs qu'ici où déjà elle ne vaut guère ; c'est parce que, dans son ensemble, elle reste toute de faussetés et d'inconséquences, de peines et de souffrances, que je considère cette vie comme un passage difficile, terrible parfois, inutile bien sûr et toujours bête.

Et c'est parce que je juge les hommes pour ce qu'ils valent, pour ce qu'ils sont, c'est parce que je n'aperçois pour eux qu'un progrès bien relatif, que je les sens plutôt voués au malheur, que j'aspire souvent au néant de la vie.

Tellement que moi, ami de la paix et de la justice, moi qui voudrais pouvoir arrêter toutes les souffrances, empêcher les crimes, supprimer les guerres, moi qui ne veux que le bonheur de tous, je serais prêt, — précisément parce que je ne puis arrêter le mal qui est et seulement rêver d'un idéal qui ne peut être, — à peser sur le bouton électrique qui, d'un coup, anéantirait l'Humanité, si ce bouton existait.

Je croirais même, en supprimant cette Humanité si mauvaise et si peu perfectible, cette Humanité si peu heureuse, être son plus grand bienfaiteur. Le néant, pour elle, serait mieux.

Je voudrais, en plus, pouvoir supprimer toute la vie qui règne sur notre terre, parce que, pour les autres êtres aussi, je n'entrevois que misères et souffrances, même que carnage dans la lutte pour l'existence, la vie des uns n'étant que par la mort des autres.

Je voudrais même supprimer la vie végétale, comme la vie animale, parce que, chez la plante aussi, on retrouve parfois le sentiment de la douleur. Voyez ces pauvres tiges qui manquent d'air, qui ne sentent pas le soleil, qui ont soif ; comme elles sont pâles, tristes et malheureuses ! Sous la forme de plantes la matière a aussi ses sensations.

En vérité, je vous le dis nettement, comme je le pense : L'état vital de la matière, tel qu'il existe, est un malheur, car, hélas ! la sensibilité, c'est surtout la souffrance.

IV

Gaston Rozy écoutait sans mot dire; il s'assimilait seulement les pensées de son hôte. Aussi, après un instant bien court, M. Jarcot continua :

— Avec les idées que je viens de vous émettre, idées dont je reste absolument imbu, vous vous étonnez peut-être de ce que je sois encore là? Vous vous dites sans doute que j'aurais pu en finir avec l'existence que je n'apprécie point. C'est si simple de passer de vie à trépas et de s'envoyer, par exemple, une balle dans la tête.

Je suis resté ; mais ce n'est cependant pas le courage, je puis l'affirmer, qui m'a manqué pour partir de ce monde.

Je dis : « *le courage* », car, au contraire du sentiment général, je soutiens qu'il en faut beaucoup pour quitter cette vie, puisque, pour en arriver là, on doit lutter contre soi-même, contre la force active qui est en nous, contre son « moi ».

La nature nous crie : Vis ! comme elle le crie à tous les êtres, à toutes les plantes, et, comme eux tous, malgré tout, nous devons instinctivement, fatalement, chercher à vivre. Le rôle unique de chaque être vivant est même, au point de vue nature, seulement de continuer sa vie si loin que possible et de se reproduire pour que cette vie ne cesse point. La mort, c'est l'opposition de nous-mêmes et nous devons, ainsi, logiquement la fuir.

Cet acte de vouloir vivre est donc en dehors de nous, au-dessus de notre volonté ; tellement que pour se donner la mort il faut être assez fort pour triompher des résistances qui sont en nous. Il faut, je le répète, du courage et une énergie puissante pour en finir volontairement avec la vie.

Il faut d'abord savoir ce que nous savons, je veux dire savoir que la mort existe, ce qu'ignorent les bêtes, sans quoi beaucoup d'entre elles si malheureuses, surtout celles qui supportent le joug des hommes, se débarrasseraient sans doute bien vite de l'existence.

Il est même si naturel, ce besoin de vivre, il est même si ancré dans notre individu, comme du reste chez tous les êtres, que le malheur, même grand et profond, ne décide pas toujours à mourir et que le nombre de ceux qui se donnent la mort, est bien faible devant les si terribles chagrins qui accablent certaines personnes et les si cruelles misères qui existent.

Aussi, devant le corps d'un suicide, j'ai toujours éprouvé une émotion particulière que ne me laisse pas une mort ordinaire. C'est que je me dis que, là, celui qui n'est plus a dû bien souffrir par son corps et être fort torturé dans sa pensée pour en arriver à triompher de la nature qui lui disait de vivre et de vivre encore.

Il n'y a pas, d'ailleurs, seulement la force de la nature pour nous engager à vivre ; il y a aussi l'espérance, l'espérance qui nous illusionne sur l'avenir et nous fait oublier le passé. On croit toujours que le malheur est fini, que le bonheur va venir; on pense toujours que c'est le dernier nuage qui passe et que l'on va, enfin! retrouver le ciel bleu.

Et le besoin de vivre nous attache, malgré tout, tellement sur cette terre qu'il faut, quand même, du courage pour la quitter.

—Quoi qu'il en soit, ce n'est pas, je le confesse, le sentiment du devoir, comme certains le diraient, qui m'a retenu dans ce monde. Je ne vois pas, en effet, ce que le devoir peut avoir à faire dans cette circonstance et je ne comprends pas, en vertu de quelle loi ou de quelle doctrine, on imposerait la vie.

L'a-t-on demandée cette vie? A-t-on, par un contrat quelconque, promis de la garder? Non. Elle nous a seulement été offerte, même donnée malgré nous et l'on reste, par cela même, libre de la refuser. On ne peut être prisonnier en dehors de ses actes. Notre vie est à nous, absolument à nous.

Que d'aucuns y tiennent à la vie ; soit ! puisqu'après tout, c'est naturel de vivre et c'est fort bien, s'ils s'y trouvent satisfaits ; mais, aussi, il faut admettre que l'on a la liberté de s'en aller. Ceci n'est que juste et normal.

Que ceux qui ont accepté la vie de fait, en la donnant à leur tour, aient des liens moraux, soit encore ! cela n'est que logique. On a des enfants, on se doit à eux ; on doit les aider ; on n'a pas le droit de fuir la tâche de les élever. On doit, au contraire, puisqu'on les a enfantés, lutter courageusement, pour eux et avec eux, pour la vie, contre l'adversité, sans se laisser abattre jamais, au moins tant qu'ils ont besoin d'aide.

Mais les autres, ceux qui sont libres d'eux-mêmes, ceux qui n'ont pas d'attaches et pas de devoirs sur cette terre, pourquoi seraient-ils enchaînés à la vie ? Ils ont droit à la mort.

Quant à la société, on ne peut avoir aucun pacte avec elle. Certes, on lui doit son apport, à cette société, si on se sert d'elle, si on en fait partie ; mais rien n'oblige à y rester quand même. C'est une associée à prendre ou à laisser. Si elle ne convient pas, on peut la quitter et, telle qu'elle est, cette pauvre société, il n'y a rien d'étonnant à ce qu'elle ne plaise pas toujours.

Personnellement, j'ai pensé simplement que la vie n'était pas si longue que je ne puisse en attendre la fin, loin de cette société que je trouve mal organisée, loin des hommes que je trouve mauvais.

Pour ne pas aller contre la loi naturelle, il ne m'a fallu qu'un peu de patience et je l'ai eue. Mais, je vous l'ai dit : Je touche au terme.

D'ailleurs je n'ai fait que ce que beaucoup d'autres, désabusés de la vie comme je le suis, font aussi en cherchant dans la solitude du cloître le calme dont ils ont besoin, le repos, l'isolement, préface de la mort. Pour moi, ce réduit solitaire, où vous m'avez trouvé, c'est comme le cloître qui convenait à mon état d'âme.

Seulement si, dans leur austérité, les religieux

rêvent d'une vie idéale, immatérielle, pour faire compensation à celle misérable et matérielle d'ici-bas, — vie qui les attend on ne sait où, — moi, je n'entrevois que le retour de mon être, vivant par hasard, à l'éternelle et unique matière.

V

Ces messieurs burent alors un verre de bière et M. Jarcot ralluma son cigare, éteint pendant qu'il parlait si ardemment. Puis, il lança en l'air une légère bouffée de fumée et, la regardant tournoyer, il reprit :

— Quand je pense que beaucoup d'hommes peuvent croire encore que nous pourrons, telle que cette fumée, nous envoler dans les airs, je reste confondu. Alors, de leur part, quelle crédulité à la fois orgueilleuse et naïve ! ou quelle irréflexion !

C'est notre âme seulement, me dira-t-on, qui doit s'élever en quittant notre misérable carcasse. Qu'importe ! Voyez-vous d'ici toutes les âmes circuler à plaisir dans l'espace ? Et pour aller où ? Dans les cieux ? Est-ce là seulement où planent les nuages ou encore plus loin que la lune? Y en aurait-il, alors, de ces âmes volant, là-bas, entre les étoiles, depuis le temps qu'il meurt des hommes !

Ah ! l'on voudrait la laisser à tous, cette croyance à l'immortalité qui, en apparence, grandit nos minimes et chétives personnes en tentant de les faire belles ; l'on voudrait laisser aux hommes cette fiction de deuxième vie, parce qu'avec elle il y a souvent une consolation dans l'adversité, une espérance dans le malheur, parce que, dans les pensées qu'elle enfante, il y a, parfois, tant de charme et de poésie que l'on peut s'y complaire.

Mais comment tromper ainsi, se tromper soi-même, quand on a, par-dessus tout, l'amour de la vérité ? Comment ne pas dire franchement ce que l'on croit sincèrement être la réalité ? Comment ne pas chercher à renverser une idée dont le principal mobile est, somme toute, d'effrayer les hommes par une vie future, pour mieux les dominer et les mieux exploiter dans cette vie présente ?

D'ailleurs pourquoi garder des illusions inutiles ? La vérité n'est-elle pas mieux malgré son aridité ? Elle est surtout meilleure pour nous guider dans nos actes, nous devrions le reconnaître.

C'est qu'il ne faut pas soutenir que cette doctrine de l'immortalité est instituée seulement pour mieux guider les hommes et les élever. Non ; rien, en elle, ne nous grandit. Au contraire, elle ne peut que nous abaisser et l'on peut, heureusement ! se bien guider sans elle.

J'ai dit : « nous abaisser » ; car accorder à l'homme une nature si supérieure, quand, pourtant, il reste si mauvais, c'est se moquer de lui-même ; c'est faire ressortir encore plus son infériorité par des prétentions ridicules. Ce n'est pas d'ailleurs cette illusion spiritualiste qui diminuera le mal qui l'enserre. Elle le laisse ce qu'il est. Le principe de l'âme ne fait pas l'homme supérieur. Et il est plus sage de voir vrai pour frapper juste.

Au reste, malheureusement pour l'idée spiritualiste, ce sont parfois ceux qui disent le plus croire à l'immortalité, aux récompenses et peines futures, ceux qui crient le plus fort que notre corps n'est rien, que l'âme est tout, qui restent les plus mauvais et les plus attachés aux choses de ce monde. Ce sont souvent ceux qui se parent le plus de l'auréole immatérielle qui recherchent le plus les richesses. L'idéal céleste, chez eux, s'efface sans cesse devant la vile matière, le rêve devant la possession.

Ah! il y a mieux, pourtant, pour ceux qui acceptent la vie et qui s'y plaisent, que de chercher leur raison d'être et de vivre dans des conceptions imaginaires ; il y a mieux qu'une fiction pour élever les hommes et les aider à sortir de leur basse nature. Il y a le travail qui soutient, la pensée qui développe. Il y a le dévouement aux bonnes causes ; il y a le bien à faire, le mal à terrasser. Il y a encore à aider au rapprochement des hommes, à leur entente, à leur solidarité. Il y a à apporter son effort pour l'union des peuples ;

il y a enfin à donner toute sa force pour l'élévation réelle de l'Humanité.

* * *

— Ce n'est du reste pas seulement d'âmes qu'il est question dans cette idée de l'immortalité. Parmi les croyants, il y a ceux qui acceptent aussi la résurrection des corps. Ce sont même les plus nombreux et... les plus simples.

Mais, là, je serais véritablement curieux de savoir comment les choses se passeront pour que ces âmes, supposées dans l'éther, puissent rentrer dans leurs anciens corps souvent divisés, broyés ou semés çà et là, en tous cas brûlés, mangés peut-être ou généralement pourris.

On a bien osé dire à nos ancêtres chrétiens que ce grand replâtrage des âmes et des corps devait avoir lieu dans la vallée de Josaphat pourtant si exiguë, et d'autres prophètes ont parlé, ailleurs, différemment, mais d'une façon aussi étrange et aussi fausse. Que n'a-t-on pas dit ?

Toutefois, on n'ose plus, maintenant, à nous du moins qui sommes dans le progrès scientifique, énoncer des sottises si grandes. Pourtant on en raconte, chez nous-mêmes, bien d'autres toujours et il s'en colporte encore de plus fortes d'ailleurs. Les stupidités dites ne manquent pas chez tous les peuples pour subjuguer l'esprit des croyants et n'avons-nous pas, ici et là, les grotesques miracles ?

Ah ! si vous saviez toutes les billevesées qu'osent émettre les religions écloses sur notre globe. Quelles conceptions saugrenues ! Autant croire aux dires des sorciers et des voyantes ou s'incliner devant les esprits frappeurs que d'accepter toutes ces aberrations de l'intelligence, pourtant émises sous le couvert des Dieux.

Mais nous n'avons pas à nous occuper de toutes ces histoires ridicules que l'on raconte aux hommes pour ralentir leur développement moral, déjà si lent, et mieux abuser d'eux. Nous ne voulons même pas discuter ici tout ce qui se dit pour ou contre cette fameuse immortalité de l'âme, — cela nous mènerait trop loin, — et nous ne voulons même plus parler de celle du corps, plutôt burlesque.

Je vous dirai seulement que si j'étais immortel, je serais, — par juste conséquence, — éternel ; c'est-à-dire que ma partie immatérielle n'existerait pas seulement après moi, mais eût existé forcément avant l'entrée de mon corps dans cette vie. En effet, notre immatérialité, qu'implique, pour notre esprit, le principe de l'immortalité et de l'éternité, ne peut débuter à un moment donné. Donc, si nous sommes après notre vie corporelle, nous devons avoir été avant. C'est absolument forcé et logique.

Mais je ne me souviens nullement de ce que j'ai pu être avant de naître, — les autres non plus, ce qui me tranquillise sur ma mémoire, — d'où je conclus, forcément, que j'ai eu un commencement. Dès lors, si j'ai eu un commencement, je dois avoir une fin ; c'est l'évidence.

Et je n'ai pas, en tout état de cause, à m'inquiéter d'une immortalité dont je n'ai nullement conscience. Le passé me fixe sur l'avenir.

— D'ailleurs qu'est-ce donc, en somme, que cette immortalité dont on parle sans l'expliquer, que l'on ose affirmer sans la moindre preuve et dont nous avons plutôt la négation en nous-mêmes ? Sans la discuter à fond, il me faut pourtant bien vous en dire encore un mot.

En vérité, il n'y a dans cette conception de l'immortalité qu'une nouvelle présentation de la métempsycose ; de telle sorte que, malgré une apparence plus élevée, nous en restons, avec elle, toujours au paganisme.

— C'est vrai, interrompit Rozy, qui, par déférence pour le vieillard, n'avait pas encore osé l'interrompre ; c'est vrai qu'avec l'immortalité de l'âme, nous en restons, toujours et quand même, sans y penser, au principe du paganisme, comme d'ailleurs avec toutes les formes de nos cultes seulement transformés ; mais ne peut-on dire, toutefois, que la métempsycose, quoique grossière dans sa conception, reste comme une émanation de la pensée chez les peuples primitifs et demeure, ainsi, comme une indication spontanée en faveur de l'immortalité ?

— Je ne le crois pas, répondit M. Jarcot. Je crois plutôt que l'idée de l'immortalité, vint et fut acceptée par orgueil et fatuité et non autrement. Que peut valoir, d'ailleurs, cette indication dont vous parlez ? Rien.

Je crois que l'homme, se sentant supérieur aux autres animaux à mesure qu'il se développa, s'est complu dans cette supériorité et, pour la mieux distinguer, a appelé âme son intellect particulier. Et ceci était juste, puisqu'il faut bien un nom pour chaque chose différente.

Mais, plus tard, pour se distinguer encore plus, alors qu'il se développait moralement, l'homme déclara son âme immortelle, ce qui, du reste, ne lui coûtait pas davantage et le flattait plus. Cette fois, c'était trop.

Il eût été plus rationnel de continuer à penser

simplement que la supériorité des cervelles établit une distinction réelle et grande entre les êtres, tout en reconnaissant que cette distinction ne constitue pas une origine différente et une fin spéciale.

Mais les hommes, quand ils furent dégrossis, ne purent se soumettre à une égalité entre eux et les bêtes... Oh! comment donc? Il y avait tant de disparité dans leur puissance intellectuelle.

***

— Remarquez que si la simple différence d'intellect pouvait constituer une autre nature, beaucoup d'animaux, à cause de leur supériorité relative, pourraient, eux aussi, revendiquer une sorte d'immortalité.

Après tout, pourquoi l'instinct ne serait-il pas immortel, étant, apparemment, tout aussi immatériel que la pensée? Est-il plus palpable? Le chien, par exemple, le singe encore plus, ne pourraient-ils se croire des génies immortels en se comparant à l'huître ou à l'éponge? Mais non ; la supériorité ne constitue pas une autre nature ; elle ne forme que des classes d'individus, espèces différentes. Autrement, sans même sortir de notre Humanité, n'y a-t-il pas des hommes qui pourraient se considérer comme d'une essence à part en se comparant à certains autres?

N'y a-t-il pas, en effet, plus de distance entre un savant illustre, par exemple, et une brute, qu'entre cette brute et un singe qui a sa raison et un chien qui n'est pas du tout une brute?

Mais, chez les hommes, il n'y a pas diverses espèces, il n'y a que des natures particulières, il n'y a qu'un développement inégal de cervelles ; plus grand chez les uns, plus petit chez les autres.

N'est-il pas d'ailleurs avéré que des hommes de génie sont fils d'imbéciles et que, réciproquement, des hommes hors ligne n'ont pu engendrer que des êtres inférieurs? partout simple question de hasard ou mieux, sans doute, de constitution physique ; ici, presque la matière seulement, là, une vie spéciale et étonnante.

La vérité est que tous les êtres de la nature, ayant fatalement la même origine, ne peuvent avoir des principes si opposés que ceux qui existent entre le matériel et l'immatériel. La vérité est que l'un ne peut engendrer l'autre et qu'il n'y a, chez la bête, chez l'homme, que des différences de composition.

*_**

— D'ailleurs voyez comme ces idées nouvelles s'imposent peu à peu à tous. Autrefois, il n'y a pas encore bien longtemps, moins d'un siècle, on n'eût pas osé prétendre que nous, les hommes, descendions du singe. Puis cela s'est dit, s'est discuté ; et si, maintenant, on ne soutient guère cette idée, du moins, — même chez ceux qui en sont encore, par leur religion, presque encore à Adam et Ève, — on reconnaît que nos premiers parents pourraient bien être des hommes tellement grossiers qui, pour n'être pas des singes, n'étaient guère mieux.

Après, d'autres idées s'imposeront aussi; ce que l'on niait autrefois se dresse aujourd'hui et sera admis demain. Le progrès, quoique bien lent, suit sa marche ascensionnelle.

Avec le temps, la science aidant, on finira même sans doute par ne plus discuter certains points; la vérité triomphera. Elle gagnera non seulement les masses plus éclairées, elle s'étendra par tous les peuples, chez tous les hommes.

Et, avec elle, c'est la constatation formelle qu'il n'y a que matière, c'est l'évidence de notre nullité ; mais, par contre, c'est le besoin, pour nous, de nous refaire, de nous grandir, de nous élever ; c'est la nécessité de nous transformer, de nous créer une vie à nous, d'avoir en vue un idéal de perfection et d'y tendre toujours, sous peine de rester à notre point de départ, de continuer la bête et, ainsi, en réalité, de ne pas être.

VI

M. Jarcot se reposa un instant. Il mouilla ses lèvres à son verre, aspira son cigare et continua :

— Mais, si ce que l'on appelle âme est immatériel, distinct du corps, et donné à ce dit corps par une force du reste bien inexplicable et absolument incompréhensible, je demande aux partisans de cette opinion, — toutefois sans espoir d'une réponse sérieuse, — pourquoi nous ne recevons pas tous la même âme ?

Il semble pourtant que si nous avions réellement des âmes comme on les comprend, ces âmes ne pourraient, toutes, — les unes comme les autres, — émaner que d'un seul et unique principe supérieurement beau et grand ; il semble que ces âmes devraient ainsi être, toutes, comme un idéal de pureté de sentiments ; il semble que, nous tous, nous devrions avoir, dès lors, les mêmes mobiles élevés, que tous, enfin, munis de la même âme, nous ne pourrions être que la perfection.

Mais non ; ce n'est, hélas ! pas ainsi. Chacun a sa nature particulière, sa pensée spéciale, son individualité. Et si d'aucuns, quoique loin d'être parfaits, sont du moins classés dans les bons, on reste frappé d'horreur devant les vices et les passions criminelles de certains autres.

Y aurait-il donc, en réserve, de bonnes et de mauvaises âmes ? Y en aurait-il même de toutes sortes? Des âmes aux idées élevées, des âmes intelligentes, des âmes sentimentales et pleines de dévouement et, plus loin, dans un autre rayon, des âmes vulgaires, des âmes insensibles, toutes brutes, des âmes capables de tout? Alors pourquoi ce partage inique dans leur distribution? Qui le dira ?

Le Dieu qui présiderait à cette opération serait-il donc tellement injuste et cruel, qu'il se plairait, sans raison, par simple caprice, à prodiguer ici la sottise, la méchanceté, même la criminalité, quand, ailleurs, il accorderait l'esprit, la bonté, même le dévouement ? Est-ce possible ?

※ ※

— Je n'insiste pas ; mais je demande encore, — toujours sans espoir de réponse, — à quel moment précis le fameux don doit être fait ?

Est-ce au moment de la naissance, à la manière qu'autrefois les bonnes ou mauvaises fées apportaient leurs présents ? Mais, ainsi, ce serait quand l'enfant peut respirer déjà. Alors, je voudrais bien savoir à quelle heure fixe de la vie réelle survient cet événement si important. Encore qui le dira ?

Est-ce, au contraire, avant la naissance que l'âme est donnée ? Mais, alors, je demande à quelle époque de la gestation, cette âme est accordée au futur enfant ? Est-ce au commencement ou à la fin ? L'âme s'incarne-t-elle dans le fœtus, juste avant que ce dernier ne se soit séparé de la mère ou bien surgit-elle dès le moment où l'individu, encore animalcule, vient, sous une impulsion suprême, de pénétrer dans l'ovaire ? Toujours qui le dira ?

Dans tous les cas, que l'âme apparaisse quand l'être est encore dans le sein de la mère ou alors qu'il vit déjà, il serait intéressant de pouvoir connaître d'où elle vient, cette âme. Qui nous dévoilera ce mystère de façon compréhensible ?

A moins que l'on ne puisse nous expliquer que l'âme est concentrée chez le spermatozoïde qui doit produire l'être. Mais, dans ce cas, on se demanderait encore, où était cette âme avant la formation de ce fameux spermatozoïde.

L'âme serait-elle donc, ainsi, à l'état latent chez le père ; la mère, elle, n'ayant, alors, qu'à développer cet embryon d'âme, comme elle fait prospérer le corps de l'enfant ? Mais comment serait-elle là, cette âme, condensée chez le père ?

En tous cas, il faudrait admettre, avec cette théorie étrange, que chaque homme porte, en lui, actuellement, une réserve infinie d'âmes diverses, — oh ! quelle charge ! — et que nos pères en portaient, naturellement, bien davantage, malgré que l'infini ne comporte pas un infini plus grand. On devrait même conclure, dans cet ordre d'idées, que les premiers hommes, tout bruts qu'ils étaient, avaient, en eux, toutes les âmes de tous les hommes à venir. C'est plus qu'insensé !

Enfin, je demanderai, en outre, pour finir, — mais encore avec moins d'espoir d'une réponse, — ce que faisaient toutes ces âmes avant que nous ne soyons et ce que deviennent celles, si nombreuses, qui ne pourront jamais prendre place dans la vie, seulement parce que les spermatozoïdes auxquels elles étaient destinées n'ont pas rencontré d'ovaires ? Pauvres âmes ! Que deviennent-elles ? Qui nous consolera sur leur malheureux sort ?

En vérité, ce serait à faire frémir les cœurs attendris des spiritualistes, s'ils pensaient sérieusement à toutes ces âmes qui, depuis toujours, attendent en vain leur tour de paraître sur terre ; s'ils pensaient surtout à toutes celles perdues et sacrifiées, à jamais, par l'abstinence, la lubricité ou la nature, elle-même, prodiguant ses semences plus que de raison.

***

Mais, au lieu de frémir, Rozy, qui n'était pas spiritualiste, esquissa un sourire pour répondre à celui que le philosophe avait sur les lèvres et celui-ci poursuivit :

— Cette question posée, dit-il, demandant à quel moment apparaît l'âme, m'amène, incidemment, à une autre qui a une grande importance et découle de la première : Où est le crime dans l'avortement ?

Dans le germe sacrifié ? Alors, que l'on condamne tout le monde ! Seulement dans la destruction du fœtus ? Mais la femme n'est-elle pas maîtresse de son fœtus comme l'homme l'est de son germe ? Certes, elle ne le serait plus si une âme était déjà donnée au fœtus et non encore au germe. Mais l'est-elle ?

Allons, messieurs les spiritualistes, expliquez-vous avec preuves à l'appui. Quant à moi, je suis fixé. Je crois qu'il n'y a pas crime, quand l'enfant n'a pas vécu ; mais je dis que ce n'est cependant pas seulement la naissance qui, seule, fait la vie. La vie réelle de l'enfant semble être, au moins, quand, en principe, il pourrait déjà vivre hors des entrailles de sa mère, même dès qu'il a pris forme évidente et certaine.

En tous cas, j'appellerais, si je le pouvais, une sérieuse réflexion chez ceux qui jugent de malheureuses filles coupables d'avortement. Et je solliciterais d'eux une large indulgence, car j'estime qu'il faudrait d'abord réformer la société, avant de lui permettre de les punir si fort.

**
* *

— Puis je reviens à mon sujet, à l'âme, pour conclure que l'âme, telle que certains veulent la définir, n'est pas, ne peut pas être.

Cette âme-là ne peut être que l'effet du développement moral des hommes et de leur imagination, conséquence de ce développement ; elle ne peut même pas être comprise avec nos premiers parents, si sauvages, si rustiques, si abrupts, qu'ils étaient presque comme des singes.

Pour moi, cette âme, attendant notre naissance depuis l'infini des temps en voltigeant dans l'espace, cette âme destinée à errer toujours si nos parents ne nous avaient pas voulus, cette âme qui peut s'encaisser si étroitement dans notre boîte crânienne pour un temps et redevenir, après nous, libre de reprendre sa course dans l'espace, ne peut être qu'un produit de l'orgueil humain, le fruit d'une conception fantaisiste, d'une pensée mal conduite, presque d'un esprit en délire.

Je vois l'âme, moi, sous un aspect plus simple; je vois, du moins, ce que l'on appelle âme sous un jour plus rationnel. D'ailleurs pourquoi cette âme si étrange et si incompréhensible que les hommes ont imaginée ? Seulement pour nous tromper et nous donner des illusions inutiles.

Pour moi, l'âme c'est la capacité de raisonner et de comprendre, c'est le produit impalpable de notre cerveau, c'est la pensée ; mais rien de plus. L'âme, c'est l'émanation de notre corps, et quand notre corps se décompose, qu'il ne peut plus enfanter cette pensée qu'il produisait, l'âme n'est plus. Après notre mort, il n'y a plus qu'un amas de matière incapable de penser ; c'est fini de notre âme.

Autrement, si nous devions, à la mort, avoir une vie plus belle, idéale, si la mort pouvait nous débarrasser de ce corps plutôt encombrant et ne laisser que notre âme brillante et radieuse, il faudrait, bien vite, y courir à la mort et non la fuir, puisqu'elle nous ouvrirait, alors, avec notre immortalité, toute large sur l'éternité, l'entrée dans une vie plus belle et toute de bonheur.

C'est si vrai, que ceux, qui sont réellement convaincus de l'immortalité, ne redoutent pas la mort ; ils y aspirent même. Ceux-ci s'en vont sans crainte au danger, attendant, avec calme, leur fin qu'ils croient fixée d'avance par le ciel, qui, pour eux, est le but.

Mais ceux-ci sont rares. Généralement les

spiritualistes, inconséquents toujours avec leurs théories, tiennent à la vie, autant que les autres, sinon plus.

Et, là, ils ont raison malgré eux. La vérité bouleverse leurs doctrines et les trouble. Ils ont, en réalité, peur de ne pas être après. Ils doutent donc de l'au-delà. En tous cas, ils font comme s'ils n'y croyaient pas. Alors y croient-ils réellement ?

*
* *

— Remarquez du reste que ce que l'on appelle âme, c'est-à-dire notre esprit, n'est pas, à la naissance, ce qu'il est plus tard et cette transformation montre bien que cette âme n'est pas immatérielle, puisque l'immatériel ne peut se modifier.

Il y a même, dans ce fait indéniable de la transformation de l'âme, une telle preuve de sa fin avec nous, que toutes discussions, en dehors de ce point, restent inopportunes et ne reposent, en réalité, que sur des mots, sur rien.

En fait, l'âme se modifie chaque jour avec le

corps, se développe et dépérit avec lui. C'est donc bien lui-même. Et l'on ne peut sérieusement soutenir que cet esprit, qui suit la marche de notre corps, qui subit l'effet de toutes ses modifications, n'est pas, comme lui, absolument matière ou mieux n'est pas le produit de ce corps. La cohésion des deux montre bien leur unité.

Oui, tout dit que le corps et l'esprit ne font qu'un : et les changements qu'ils supportent ensemble dans la croissance, et les transformations par lesquelles ils passent toujours ensemble pendant la vie, et l'effet des souffrances physiques sur l'âme, comme l'effet des douleurs morales sur le corps.

Il est vrai que, parfois, c'est la pensée qui semble commander au corps; mais n'est-ce pas, là, une fausse interprétation de la volonté et du mouvement ? n'est-ce pas là, au contraire, une preuve de plus, et non une contradiction, que l'une et l'autre, matière et esprit, sont un même tout? La vapeur n'est-elle pas la force de la machine et, pourtant, c'est cette machine qui fait la vapeur?

**
**

— Après tout, qu'est-ce donc que cet état immatériel sous lequel certains prétendent qu'est notre âme? Peut-on le comprendre? Peut-on concevoir quelque chose qui n'est rien et qui est nous, qui n'est pas avant et qui reste après, pour aller on ne sait où? Encore une fois il ne peut y avoir là que la conception d'une imagination troublée et mal guidée par un sot orgueil.

Non, l'immatériel ne peut se concevoir ainsi. On ne peut le voir que comme une donnée, un principe, une idée. Il ne peut se faire que ce soit une chose, un être. En tant qu'individu, l'immatériel ne peut exister, puisque l'immatériel ne peut avoir de limite.

Mais si l'âme était immatérielle, c'est-à-dire sans limite, elle tiendrait tout l'infini. Nous serions, alors, dans les étoiles, plus loin encore, quand nous savons pourtant si peu ce qui se passe là-bas.

De plus, chaque âme serait ainsi mélangée, non seulement avec tous les corps, mais avec toutes les âmes de ceux qui ne sont plus, de ceux qui ne sont pas encore, de ceux qui ne seront jamais. Quelle salade !

Ainsi, avec ces conceptions, nous tombons dans le plus affreux contre-sens, dans l'absurdité. Alors, disons, avec plus de raison et de bon sens, avec moins d'orgueil et de prétention, avec plus de simplicité, que ce que nous croyons être l'immatériel n'est qu'un produit particulier, une spéciale exhalation de la matière. Comme les fleurs donnent le parfum, les bêtes produisent l'instinct et de l'homme émane la pensée.

VII

Et, poursuivant toujours, comme malgré lui, cette idée de matérialité de nos êtres, M. Jarcot continua encore :

— Je respecte toutes les opinions sincères et je voudrais ne blesser personne dans sa foi ; mais on colporte tant de croyances qui choquent mon bon sens que je me reconnais, à moi aussi, le droit d'exposer mes doctrines, ne réclamant que la même tolérance que celle que je m'empresse de concéder aux autres.

Toutefois, je voudrais pouvoir appeler plus sérieusement l'attention des croyants sur leurs convictions, la plupart ayant, sans doute, trop peu réfléchi à ce qu'ils admettent si vite et sans preuves.

Ah ! qu'ils méditent plus les croyants, qu'ils approfondissent mieux les choses et les êtres et ils en arriveront à croire, eux aussi, qu'il n'y a que matière. Après, ils se consoleront de leurs illusions perdues, en reconnaissant que l'admission de ce principe n'empêche pas de garder toutes aspirations vers le beau et vers le bien.

Ce n'est pas une fable étrange et absurde qui peut ajouter à l'intelligence ; ce n'est pas une croyance fausse et grotesque qui fait le cœur grand et sublime. Au contraire le faux ne peut que mal guider. Le vrai, seul, peut donner la bonne voie à suivre.

Il y a d'ailleurs, chez ceux qui croient à cette étonnante invention de l'immortalité, deux catégories d'individus : Ceux qui acceptent simplement cette idée seulement parce qu'elle leur a été inculquée ; ceux, — et ce sont les plus rares, — qui essaient de se convaincre par raisonnement, un raisonnement fait tout spécialement pour leur usage, un raisonnement qui n'a pour base que le mystère et l'incompréhensibilité, c'est-à-dire rien de logique.

Aux premiers, aux simples, je n'ai rien à

dire parce qu'ils finiront avec ceux qui les éduquent ; mais, aux seconds, que d'objections à faire encore ! Je leur ferai simplement remarquer qu'ils ne s'appuient jamais que sur des hypothèses et des suppositions, en somme seulement sur un désir, sur rien de positif. Et cette simple observation vaut toute une réfutation d'une croyance qui n'est, ainsi, réellement qu'une fiction.

*
* *

— En résumé, les uns cèdent seulement à l'orgueil ; on ne veut pas penser que l'on est si peu, on ne veut pas croire que l'on n'est rien ; il est si bon de penser que l'on est d'une essence surnaturelle, que l'on ne mourra jamais. D'autres veulent effrayer et tenir les masses par la crainte d'une seconde vie où tous seront jugés ; il est si facile d'exploiter cette idée pour la domination des hommes.

Mais, espérons-le ! l'orgueil des uns et l'autocratie des autres s'abaisseront devant la réalité. Il viendra un temps où tous, devenus penseurs libres, rejetteront l'immortalité comme une croyance surannée. Un jour, sans doute, on parlera de l'âme immatérielle, — au moins dans les pays les plus éclairés, — comme maintenant nous parlons des croyances antiques ou des cultes des peuples moins avancés.

Ce jour-là, les religions seront démodées ; on blâmera leurs procédés que d'aucuns n'acceptent déjà plus que par routine et bonne tenue, l'on rira de leur conception et de leur apparat. C'est que les convictions, comme le reste, se transforment sans cesse et que les croquemitaines disparaissent tous les jours.

Et l'on reconnaîtra, alors, qu'il y a d'autres principes meilleurs que la fable pour conduire l'Humanité, d'autres idées plus belles pour la grandir. Alors on s'inclinera seulement devant le raisonnement guidé par la science et la justice, sans que ce raisonnement arrive à enfanter la déesse Raison. Il ne s'agit pas de changer de Dieux, il faut simplement voir la vérité et chercher à s'élever avec elle, par elle.

En attendant que cette vérité éclaire au moins les plus intelligents, laissons encore cette enfantine conviction, qu'est l'immortalité de l'âme, aux simples, qui sont bons parce qu'ils aspirent à une autre vie toute de récompenses, redoutant celle des punitions.

Qu'ils fassent le bien, ceux-ci, en vue de quelques récompenses futures et non le mal par crainte de quelques sévérités, il n'y a aucun inconvénient à cela, puisqu'ils suivent toujours une bonne ligne. Mais je puis leur dire, en toute assurance et logique, qu'ainsi ils se rapetissent au lieu de se grandir. Ils ne sont plus, alors, que comme des gamins qui sont sages pour gagner une friandise et par crainte du père Fouettard.

Il nous semble à nous, matérialistes, qu'il est plus digne, plus noble, plus moral, de faire et d'apprendre à faire le bien, seulement pour le bien. Sans croire à l'immortalité de l'âme, nous avons, pour guider nos actes, la voix de la conscience qui est celle de la véritable justice. Et la conscience bien sondée ne trahit jamais.

*_**

— Il ne faudrait pas, toutefois, que ces convictions des simples puissent, — précisément parce qu'ils sont simples, — tourner au fanatisme. Ici, il faut veiller ; car les croyances, exaltées plutôt que raisonnées, poussent aux délations, aux injustices, pour finir par les bûchers et les tortures. C'est, en effet, au nom des religions qu'il se fit le plus de mal ; c'est pour les Dieux qu'il se commit le plus de crimes.

Et c'est ainsi parce que, là, les simples ne sont que comme un bras qui exécute aveuglément les ordres des chefs qui veulent, même par le sang, imposer leurs idées. Voyez plutôt ce que l'Islam peut faire avec la guerre sainte ; souvenez-vous notamment de la Saint-Barthélemy et de l'Inquisition et de tant d'autres dates sinistres.

Donc, si une croyance pieuse et sincère est

respectable toujours, celle qui va jusqu'à soutenir que les non-croyants sont des coupables, que même le seul fait de ne pas avoir une foi religieuse est un crime qu'il est juste de punir, celle-ci, dis-je, est odieuse et infernale ; il faut la mater et la détruire. Après tout, le matérialiste n'a-t-il pas, lui aussi, sa conviction absolue et une foi spéciale ?

※

— Bref, je crois que chaque homme est fait tout simplement au hasard des circonstances qui le produisent, c'est-à-dire selon le père, la mère, les ancêtres et tous les effets physiques et chimiques qui accompagnent sa conception et sa venue. Je crois que c'est l'ensemble de son tempérament, résultat de sa constitution, qui le complète. Je crois que c'est surtout la composition de la cervelle qui fait l'homme moral. Et je crois, enfin, que cette vie morale, enfantée par lui tout entier, se reflète sur son visage, sur ses lèvres, dans ses yeux, miroirs de son « moi ».

Au reste, que feraient donc nos grands docteurs en étudiant les cervelles des savants et des criminels, que soutiendraient donc nos phrénologistes, si, au fond de leurs pensées, tous ne croyaient pas ainsi ? Et tout le monde, en jugeant chaque individu sur sa mine, ne convient-il pas, implicitement, des rapports existant entre l'être physique et l'être moral, même de leur connexité absolue ?

En fait, il n'y a qu'à constater que l'homme est mieux réussi là qu'ailleurs ; qu'ici il y a des Adonis, quand, plus loin, ce sont des monstres, comme il y a des cœurs d'élite et des êtres infâmes.

L'intelligence, qui est l'âme, reste, croyez-le, un produit des lobes cérébraux, comme l'électricité demeure un effet des piles. Si bien que, par exemple, quant à l'influence de certaines volontés sur d'autres, à la suggestion des hypnotisés, aux courants magnétiques de l'esprit enfin, je vois, tout simplement, nos têtes comme des vases entr'ouverts dont les matières volatiles qu'elles renferment, se répandent à l'entour et agissent, à l'occasion, quand faire se peut, sur le contenu d'autres vases, je veux dire sur d'autres cerveaux, selon la nature réciproque de ces cerveaux.

C'est que je me dis que la pensée, comme l'électricité, doit bien avoir ses ondes.

Qui sait, d'ailleurs, si l'esprit, cette émanation des corps, n'est pas comme un effet particulier de l'incommensurable et mystérieux fluide qui, peut-être, demeure comme l'âme du monde ?

VIII

M. Jarcot sembla un instant se recueillir, puis reprit :

— Mais si je suis matérialiste, si je crois que l'homme n'est qu'un animal mieux confectionné et doué d'une intelligence particulière, je pense, vous le savez, que son devoir, — précisément parce qu'il est mieux confectionné et qu'il a, notamment, en partage le pouvoir de faire bien, — est de chercher à s'élever, à se grandir moralement, et de tendre à s'approcher aussi près que possible d'un idéal de perfection. Là, seulement, réside le beau côté de notre vie.

Autrement que serait-elle, cette vie humaine ? Nous l'avons déjà dit : celle d'une autre bête, et pas plus. Et c'est en travaillant à développer sa pensée et son cœur, que l'homme peut se séparer complètement des autres êtres. En se transformant, en s'améliorant, il devient d'une autre race et continue son évolution vers une espèce réellement supérieure.

La fonction crée l'organe, dit-on. Là, le progrès accompli par l'homme enfante, en lui, une véritable vie nouvelle. Ce que les spiritualistes appellent âme, semble, alors, naître en nous ; on en a du moins l'illusion et c'est ce qui peut, parfois, nous tromper dans la compréhension que nous avons de notre état mental.

Ainsi, notre perfectionnement peut se produire, être et prospérer, sans l'âme immortelle ; la nouvelle et bonne vie peut s'imposer sans que l'on ait recours à des conceptions surnaturelles. Ce n'est pas l'immatérialité qui peut l'enfanter, cette vie élevée dont nous devons rêver, et l'immortalité n'y ajoute rien. Tout dépend seulement de notre volonté.

Alors pourquoi ne pas reconnaître en principe cette vérité pourtant incontestable et ne pas faire le bien pour le bien, pour les autres, pour soi, pour sa dignité, pour sa conscience, afin de sortir victorieusement et majestueusement des rangs de la bête?

*

— Chez nous, peuples déjà un peu civilisés, nous avons, il est vrai, fait un pas énorme vers ce beau et vers ce bien désiré; mais qu'est-ce encore, ce progrès, à côté de ce qu'il devrait être après tant de siècles passés?

Les hommes, ici, comme ailleurs, ne sont pas ce qu'ils devraient être; les bons sont trop rares. Et la marche vers l'idéal n'est pas en rapport avec la civilisation acquise. Le cœur reste en retard sur la pensée.

Pour un instant, imaginez un peuple, — un peuple c'est trop, — mettons une petite cité peuplée de gens presque parfaits, comme il y en a çà et là, égarés au milieu des autres, de philosophes à l'esprit ouvert, comme il s'en trouve cachés dans l'ombre des tapageurs. Quelle belle et brillante cité ce serait!

Là, il n'y aurait plus de querelles d'affaires, plus de jalousies, plus de haines, plus de duperies. Là, il n'y aurait que quelques piquantes discussions intellectuelles, qui ne pourraient qu'ajouter à l'élévation de tous. Là, il n'y aurait qu'un régulier commerce, honorable, sans fraude. Là, personne ne songerait à exploiter son voisin, ni à dominer ses semblables. Là, il n'y aurait plus besoin de tribunaux, non plus de gendarmes. A peine y aurait-il quelques syndics pour dissiper ce qui resterait encore aux négociants malheureux.

Notez que je n'envisage pas là cette société nouvelle que certains rêveurs ont imaginée. cette société où personne ne possède, où chacun produit pour tous, où l'individualité est morte et la collectivité est tout. Cette société-là, — comme nous le verrons plus tard, — est impossible de par les lois naturelles et le cœur humain.

Je vois une société de braves gens justes dans leurs décisions, dans leurs actes et dans leurs pensées, ne voulant que le bien et n'agissant qu'en vertu de leur conscience. Et je me dis que cette société idéale pourrait être pour tous, si on le voulait sincèrement, puisqu'elle pourrait être réellement pour quelques-uns.

Ainsi, je me dis que c'est à elle que l'on devrait prétendre, tout en pensant, — je le confesse bien vite, parce que vous ne me croyez pas trop naïf, — qu'elle n'est guère à espérer. Les bons sont trop rares pour faire masse utile et les mauvais sont toujours là pour arrêter la bonne volonté des bons. C'est que la bonté, souvent trompée, a peur de devenir bêtise; chacun se méfie. Et, en vérité, l'on n'a pas tort pour l'instant; on verra plus tard, bien plus tard, s'il y a lieu d'être plus confiant.

— Mais enfin, puisqu'il est heureusement doué d'une intelligence, alors que les bêtes n'ont, elles, que l'instinct plus ou moins développé, l'homme devrait pouvoir dominer, au moins un peu, ses mauvaises dispositions, réformer sa nature bestiale, se refaire enfin et s'avancer vers le perfectionnement rêvé. La matière n'est-elle pas, du reste, absolument transformable ?

Ah ! je conviens que l'homme bien organisé a moins de mérite à être bon et à bien faire que celui dont la cervelle, mal équilibrée, donne de mauvaises pensées. Je comprends que l'homme, vivant dans un milieu où il ne reçoit que des effluves bienfaisants, est plus facilement poussé vers le bien que celui qui ne reçoit que des courants mauvais. Mais encore, l'homme, quel qu'il soit, avec sa volonté et son raisonnement, peut s'améliorer.

Toutefois, il y a lieu de tenir compte, dans les résultats, des difficultés plus ou moins grandes qu'il peut éprouver dans sa lutte contre lui-même. Aussi doit-on être clément pour bien des fautes et un bon juge doit-il, en se prononçant sur un fait répréhensible, tenir, non seulement compte de ce fait, mais surtout de la valeur du coupable.

Par la constitution, par l'entourage, par l'éducation, il y a des êtres prédestinés au mal, comme d'autres sont destinés au bien. Il y a même des individus qui n'ont pas plus de peine pour faire une bonne action, que d'autres ont d'hésitation pour commettre un crime, et encore, parmi ces derniers, beaucoup seraient peut-être mieux à leur place à l'hôpital que dans un bagne.

En tous cas, l'homme, je le répète, doit pouvoir s'améliorer et il s'améliorerait d'autant plus facilement que son corps serait plus sain, puisque sa volonté, point de départ de son amélioration, émane du cerveau, que le cerveau c'est comme lui tout entier et que cette volonté serait d'autant plus forte qu'il serait mieux constitué.

Aussi, chacun devrait-il s'efforcer de soigner son corps, sa santé, pour se garder un esprit fort et se préparer une descendance perfectionnée. Après tout, l'homme l'a déjà en lui, cette volonté qu'il faut pour suivre le droit chemin, c'est-à-dire pour avoir une vie régulière et normale, pour ne pas céder aux vices et aux passions qui tuent ou abrutissent. Alors il peut réagir contre le mal et, ainsi, il le doit.

Toutefois, ce n'est pas seulement l'homme isolé qui doit s'amender ; c'est tous. L'homme isolé n'est qu'un et sa force ne serait que pour quelques-uns. C'est surtout à la masse des hommes qu'il appartient d'agir ; je veux dire aux sociétés. De cette lutte d'ensemble seule peut naître plus sûrement un perfectionnement, au moins une amélioration sérieuse.

C'est donc à la société à élever ses membres en vue de ce but réconfortant ; c'est à elle à les éduquer, à les préparer en vue d'une vie meilleure ; c'est à la société, encore plus qu'aux individus, à marcher dans la voie du bien. La collectivité doit, là, entraîner l'unité.

Et, pour donner à tous un peu de courage dans cette lutte, disons que l'homme arriverait d'autant plus haut et plus facilement vers le bien, qu'un commencement de victoire serait au début. C'est que, par l'atavisme qui est, par les lois indéniables du transformisme, nos pauvres cervelles seraient d'autant plus facilement bien constituées dans la suite des siècles, que nous eussions modifié les nôtres plus favorablement. Le moral doit pouvoir se perfectionner avec le corps par une longue et sage sélection. Alors que ne travaille-t-on pas plus pour la postérité?

— Mais quoi? Les hommes isolés, les peuples, auront-ils jamais la force nécessaire de s'améliorer assez physiquement? Auront-ils jamais assez de résistance aux passions et au mal? La civilisation ne vient-elle même pas parfois, au contraire, les amoindrir, les atrophier, avec tous les obstacles qu'elle oppose çà et là à leur développement?

D'abord c'est la guerre, laquelle tend à devenir d'autant plus monstrueuse, terrible, que le progrès marche vite dans l'art de tuer, qui nous enlèvera les plus beaux mâles. Or, si on détruit les meilleurs reproducteurs, que deviendra l'espèce? Faut-il donc que les hommes songent d'abord à améliorer les races animales, à faire de bons bœufs et de beaux porcs ?... Pourtant, laissons cette idée de guerre, quoique monstrueuse dans ses effets, puisque celle-ci n'est que passagère.

Mais nous avons l'infâme prostitution qui demeure toujours et travaille sans cesse contre l'espèce. Que dis-je, elle demeure ? Elle grandit et étend ses ravages. Elle est le grand mal, enfant de la paresse, du désir de trouver le confort sans la peine.

Pourtant que de misères, que de supplices, que de sacrifices ne cache-t-elle pas ? Ah ! si ses victimes savaient leur avenir, comme elles fuiraient le péril. Hélas ! elles n'y songent point et la prostitution reste comme une pieuvre infernale qui ne lâche pas sa proie quand elle la tient. Allez du reste demander à ces misérables marchandes d'amour, allez sonder leurs cœurs, vous aurez une même réponse : C'est fini maintenant ! Plus que l'hôpital ou la rivière... Pauvres filles !

Et, après s'être perdues, elles perdent les

autres, leurs amies, les hommes, la société. Ce sont elles qui répandent les vices, qui ruinent les tempéraments, empoisonnent les races et paralysent encore le mouvement ascensionnel des populations déjà si atteint par d'autres mobiles.

Nous ne dirons pas : Qui nous délivrera de ce fléau ? car, on le sent bien, il restera éternel. Mais s'il est irréalisable d'anéantir la prostitution, si on croit, comme d'aucuns le disent, qu'il y a là comme un mal forcé, qu'au moins on la limite le plus possible, qu'on l'enraye et la tienne. Un exutoire ne doit pas être un siège de gangrène.

Puis, ce sont tous ces poisons que les hommes absorbent sous prétexte de satisfactions et qui ne donnent que l'abrutissement. C'est l'éther, la morphine, l'opium; c'est l'alcool surtout ; sans parler des produits frelatés devenant des toxiques, sans parler des maladies contagieuses contre lesquelles on lutte à peine et mal.

Et ce n'est pas seulement les coupables qui pâtissent de leur insouciance, de leurs passions, de leurs fautes, ce sont tous les autres qui ne sont pas encore, mais qui naîtront d'eux, qui feront les générations futures, l'avenir de la race.

Véritablement, on croirait que les hommes ont peur de s'élever, de se grandir, et de conquérir ce semblant d'âme qu'ils s'imaginent avoir, qu'ils voudraient cependant tant posséder ; on dirait qu'ils veulent plutôt rester où ils en sont, même descendre. La bête, qui est en eux, les tient donc si fort qu'ils ne peuvent se défendre d'elle ?

* *

— Ensuite c'est la procréation mal comprise et, là encore, le mal est continu. Ici, et même dans les pays peu civilisés, on allie des fortunes, des situations, plutôt que des êtres destinés à en enfanter d'autres. D'autre part, ce sont généralement les malingres qui se multiplient le plus, tandis que souvent les forts ne se reproduisent point. Et, ainsi, on ajoute à la dégénérescence de l'espèce.

La mode même ajoute au mal. Avec le corset ou autres liens contre nature, c'est-à-dire contre la santé, les femmes se blessent, se déforment pour avoir, — pourtant contrairement à l'art et à la vraie beauté, — des tailles plus fines et n'on que des enfants moins beaux. Comment pourraient-ils se développer convenablement dans un organe atrophié ?

De son côté la science médicale contribue aussi au mal en question par la guérison qu'elle apporte aux malades qui, normalement, devraient mourir. Ainsi, elle conserve des êtres qui, en dépit de leur mauvais état, restent souvent les mâles les plus ardents et les plus fécondes femelles.

Enfin, par des calculs égoïstes que font les hommes, il arrive que la multiplication de l'espèce se fait précisément en sens inverse de la raison. C'est ainsi. Les heureux, ceux qui ont la santé, la fortune, ceux qui peuvent le mieux élever leurs enfants, limitent leurs produits pour être, à ce qu'ils croient, plus heureux encore

Les malheureux, même ceux privés de tout le nécessaire, enfantent sans se soucier de l'avenir. Ici, c'est le « moi » intellectuel égoïste qui l'emporte ; là, c'est la bête qui triomphe. Et, partout, c'est l'espèce qui dégénère et diminue.

*
* *

— Ah ! je sais ; on dit que l'on est libre de sa personne et de certains actes. Soit ! Et des célibataires, des ménages sans enfants, tous fort valides, puissants et fortunés, m'ont dit : « C'est notre droit. » Soit encore ! Je ne contredis nullement ce droit. Mais, alors, que ceux-là ne se plaignent pas de l'abaissement de la race, ils la veulent ; qu'ils ne se plaignent pas non plus de la perte de leur puissance dans la société, ils la font.

Au contraire, des miséreux, des malades, des parias, invoquant aussi un droit, m'ont dit : « Après tout ce n'est que naturel de créer et nous n'avons pas, nous victimes du sort, d'autres jouissances. Pour tous les êtres, la reproduction est le but de la vie ; nous suivons la nature ; allons-y toujours ! »

Mais, là, je réponds : Non ! Qu'importe la nature dans certains cas. D'ailleurs, ici, il ne s'agit plus de nature ; il s'agit, au contraire, de son perfectionnement et même de sortir d'elle. En vérité si on a le droit d'offrir la vie à d'autres au point de vue bestial, on n'a réellement pas le droit moral d'enfanter des êtres fatalement sacrifiés.

S'il y a des couples qui devraient moins calculer et moins céder à leur égoïsme, il y a des familles rongées par la maladie et la misère qui feraient mieux de finir.

Somme toute, que celui qui est sain, valide et est, ainsi, presque heureux, songe à revivre dans des êtres qui sont lui, on le comprend, puisque la santé est le premier des biens et que la vie peut avoir des charmes ; c'est juste, du reste, puisque la nature le commande et qu'il y a satisfaction à se survivre. Mais que celui-là qui souffre déjà trop sur la terre, celui qui demeure victime d'un mal transmissible, songe à mettre au monde des êtres qu'il ne pourra pas élever comme il le voudrait, des êtres destinés aux maladies, voués seulement au malheur ; c'est plus qu'insensé : c'est criminel !

Je dis enfin que créer sans aucune réflexion, sans souci de l'avenir, sans peser les suites de son acte, c'est faire litière de son intelligence et de sa pensée, c'est se ravaler au niveau de la bête, qui, elle, se reproduit comme mécaniquement et sans se soucier des conséquences qu'elle ne peut du reste connaître.

— Et comme résultat d'ensemble, ce sont de mauvaises générations physiques qui surviennent, des hommes sans énergie, sans volonté et, par conséquence, des générations morales inférieures. Alors les mauvais augmentent, quand les bons diminuent. Et nous avons, ainsi, précisément le contraire de ce que nous devrions chercher, nous avons l'abaissement des hommes.

Après avoir gravi quelques échelons dans l'échelle du progrès, l'espèce humaine en arrive à retourner en arrière.

Quant à la décroissance de la natalité dans certains pays, on ne peut que la regretter vivement pour ces pays au point de vue de leur force et de leur richesse ; mais, pour l'Humanité envisagée dans son ensemble, il n'y a pas à en gémir. Il y a toujours assez d'êtres pour souffrir et ceux, qui ne sont pas, ne peuvent rien regretter.

D'ailleurs que faire à tout cela ? On ne peut décider que l'on ne sera jamais obligé à défendre son pays ; on ne peut cependant pas condamner les éclopés à mort, empêcher les malades de vivre. On ne peut faire que les hommes ne veuillent leur mal et s'abrutissent. On ne peut greffer, de par la loi, du robuste sauvage sur nos filles frêles des salons ; on ne peut gouverner l'amour et le légiférer.

On ne peut que montrer l'erreur, dire le mal, prêcher les réformes. Mais c'est peu et la question reste troublante.

Tellement que l'on se demande toujours si l'on peut espérer réellement une grande amélioration physique de notre espèce, plutôt que craindre que la civilisation n'amène une dégénérescence, même avec la volonté de quelques-uns, même avec les siècles, surtout avec les siècles.

Tellement que l'on se demande encore, si l'amélioration morale est, elle aussi, susceptible d'un grand progrès ?

Et quand l'espérance vient en nos cœurs, elle s'évanouit presque aussitôt. Mais qu'importe ! le but vers le bien est toujours beau. Que l'on essaye toujours de l'atteindre. De l'effort fait, il en restera peut-être toujours quelque chose de bon pour les hommes et ce sera autant de gagné pour eux.

IX

Ces messieurs burent alors un peu de bière, allumèrent de nouveaux cigares et ce fut, après, Gaston Rozy qui questionna :

— Vous m'avez exposé, monsieur, dit-il, que, selon vous, il n'y avait que matière ; vous m'avez fait sentir que la vie n'était qu'un effet passager de cette matière ; voulez-vous me permettre de vous demander comment vous expliquez ce passage de la matière à la vie ?

— Je ne l'explique pas, répondit M. Jarcot ; je le constate seulement. Notre faible intelligence ne peut, il s'en faut, tout pénétrer ; nous devons nous contenter de ce que nous sentons et voyons, en attendant que nous sachions plus.

Nous observons aujourd'hui mille et mille transformations de la matière par suite de mélanges et de combinaisons, aussi sous l'action du feu, de la lumière, de la pression, de l'électricité ; nous pouvons même dire que ces transformations sont infinies; mais c'est tout.

Peut-être qu'il nous sera permis, un jour, de connaître le principe de la vie, c'est-à-dire de savoir par quelle action, par quelle force, dans quelles conditions enfin, la matière peut prendre vie ; mais nous n'en sommes pas encore là. On cherche seulement et l'on pourrait bien chercher longtemps avant de trouver.

En tous cas, si la loi, qui fait la vie, n'est pas connue, il faut bien toutefois admettre qu'elle existe qand même. Autrement, sans cette force, nous ne serions point.

Ainsi, la terre enfantant, puis nourrissant ses enfants, plantes et bêtes, a fait, en principe, ce que ferait peut-être un fromage, même en dehors de l'air et des mouches, si on lui en laissait le temps; soit, pour le fromage, des moisissures et des vers. Mais n'allez pas, au moins, vous froisser de ma comparaison, puisque nous sommes encore bien moins sur notre planète que le ver dans son fromage.

— Je ne me choque point, repondit Rozy ; mais je songe que l'on démontre qu'il n'y a pas de générations spontanées, c'est à dire de vies sans ancêtres. Où il y a une plante, un être, il y eut d'abord un germe ; du moins on le prétend.

— On démontre ! oui ; mais est-ce toujours une preuve qu'une démonstration ? répliqua M. Jarcot. En a-t-on vu de ces démonstrations renversées par une autre démonstration ! En médecine surtout, on ne voit que cela. Là, plus qu'ailleurs encore, ce qui était vrai hier est absurde aujourd'hui. Il y a même des modes chez les savants comme pour les femmes. Il y a plus : il y a des emballements ; et c'est alors, qu'il faut, vous le savez, profiter des remèdes pendant qu'ils guérissent. Le progrès le veut ainsi : après le bonheur d'avoir cru trouver, c'est la chasse à l'erreur.

Donc, rien ne me dit qu'il n'y a certainement pas actuellement de générations spontanées et que l'on ne se trompe pas en l'affirmant. Il est, au contraire, plutôt à supposer qu'il y en a. Tous ces protozoaires que l'on découvre ne sont-ils pas des produits provenant de l'action de l'eau sur certaines matières? On peut le croire.

En tous cas on n'a jamais démontré, — jamais ! entendez moi bien ! — qu'il n'a pu y avoir, à de certains moments, des vies venues sans ancêtres, si, maintenant, il n'y en a point peut-être. Je dis plus : On ne le démontrera jamais, jamais !

C'est que tous les raisonnements, toutes les démonstrations actuelles, ne peuvent rien prouver quant au passé. En effet, pour expérimenter d'une manière sérieuse, efficace et péremptoire, il faudrait d'abord se reporter aux temps premiers de notre terre. Tout est là.

Or, comme il est impossible de se retrouver dans les mêmes conditions, avec les mêmes éléments, que ceux qui étaient, alors que vint la vie qui nous est connue, toutes les conclusions contre les générations spontanées ne valent rien et toutes les théories contre tombent d'elles-mêmes.

⁎

— Vous objecterez encore qu'il faut au moins un germe pour enfanter, une graine pour former une plante, un spermatozoïde pour faire un homme. Soit ! Alors expliquez moi, à votre tour, l'existence de ce fameux spermatozoïde, par exemple. D'où vient-il ? Ne sort-il pas d'une glande absolument matérielle ? La matière peut donc prendre vie.

Oh ! vous me direz que cette glande a le principe vital en elle. Alors pourquoi notre terre n'aurait-elle pas eu, elle aussi, à un certain moment, si elle ne l'a plus toujours, ce principe vital, cette puissance créatrice en question ? La terre, n'en doutez pas, c'est comme le testicule qui a tout produit ce que nous voyons de vivant à sa surface et ce qui y a autrefois vécu. Et elle a pu produire des enfants différents presque à l'infini, parce que sa composition, selon les lieux et le moment, était aussi différente et presque infinie.

Au reste, dans ce qui nous semble être matière, n'y a-t-il pas aussi la vie ? Dans une simple goutte d'eau, n'y a-t-il pas quantité d'êtres ? La glace, elle-même, ne détruit pas tout. Qui peut savoir jusqu'où la vie, que nous ne percevons pas, peut être possible ?

D'autre part un germe infiniment petit peut avoir en lui un chêne, un éléphant et plus grand encore. Après avoir pris vie et croissance dans le sol et l'air, ces êtres peuvent devenir quelques poignées de poussière et le reste se dissiper, retourner à l'air; le tout pour refaire d'autres vies, nourrir d'autres êtres. Ce n'est que transformations !

C'est ainsi que nous, développés par la matière que nous absorbons, nous sommes un autre genre de matière, laquelle, à son tour, enfante d'autres vies par notre mort. En fait, nous sortons des plantes, c'est-à-dire de la terre, même par les bêtes que nous mangeons, et nous retournons à la terre où, en nous décomposant, nous serons la vie d'autres plantes et d'autres êtres.

La matière elle-même d'ailleurs, telle qu'elle nous apparaît, ne demeure pas inactive. Elle a sa force à elle, en plus de son mouvement. Tandis que les grandes masses se modifient, en même temps qu'elles circulent dans l'espace, nous avons, sous nos yeux, les rochers qui s'effritent, les montagnes qui descendent, les eaux qui se retirent, s'avancent en bouleversant les terres et les volcans qui font trembler le sol; nous pouvons encore constater mille autres changements des choses; les fermentations ne sont-elles pas du reste comme une vie spéciale, une vie créatrice? et des fermentations on en retrouverait ici et là, sans doute, si l'on pouvait mieux voir. Ainsi c'est, partout et toujours, des transformations constantes, une vie incessante.

Et chaque vie nouvelle, comme opposition aux tristesses de la mort, est, chez tous les êtres, comme chez les plantes même, le résultat d'une union, le produit d'un rapport heureux que trahit un tressaillement voluptueux, disons le mot, le fruit de l'amour. La mort, c'est la désorganisation de l'être; l'amour, c'est la reconstitution d'autres êtres, c'est la vie!

C'est l'amour des plantes qui se révèle dans les fleurs, qui fait les fruits, comme c'est l'amour qui fait les êtres. C'est l'amour que l'on retrouve dans la matière elle-même. C'est l'affinité de certains corps pour d'autres qui en engendre de nouveaux. C'est l'amour qui soutient et entretient la vie ; c'est l'amour qui la fait.

Qui sait même si ce n'est pas l'amour qui a produit le monde ? Qui sait si toute cette matière existante n'a pas pris son essence de vie dans l'éther après avoir été conçue par la fusion, par le mélange, j'allais dire dans les embrassements d'une vie inconnue ? Qui sait si l'électricité, par exemple, ne serait pas le véritable principe et comme l'élan, la force, de cet amour ?

*
* *

— Mais je ne continue pas sur ce ton ; vous

diriez que je rêve. En effet, je rêve en ce moment ; je suis dans les nuages de l'inconnu. On ne peut du reste que se perdre avec son imagination quand on veut s'élever en des régions si élevées, si étranges et si mystérieuses.

Bref, la vie a formé des rochers, d'autres vies ont fait le sol qui refait la vie. Pourquoi, alors, la vie n'aurait-elle pas fait toute la matière ou la matière toute la vie ? Qui pourrait rien affirmer et se reconnaître en ces transformations infinies qui ne peuvent même pas avoir de début devant l'éternité ?

En tous cas on peut dire qu'il y a certainement un lien, un enchaînement, une suite, entre la matière et la vie. Entre elles c'est comme un cycle.

Et si l'on ne peut expliquer ce fait du passage de la matière proprement dite à la vie apparente, si on ne peut encore que le pressentir, il n'en reste pas moins indéniable. Je le répète : Puisque nous sommes, nous tous êtres vivants, il a bien fallu que nous venions. La vie sanctionne le principe.

En effet, à moins d'admettre que plantes, bêtes et gens aient été pétris de terre glaise par une main aussi puissante que mystérieuse et que la vie leur ait été donnée par une baguette magique ; à moins d'admettre les histoires saugrenues qui sont nées de l'ignorance absolue ; à moins de rester dans le domaine de la fable, il faut bien reconnaître que la vie fut d'elle-même puisqu'elle ne pouvait venir d'une autre manière.

Encore une fois il ne peut y avoir que la matière, matière-vie, si vous voulez, et cette matière put forcément enfanter la vie apparente puisque cette vie est.

X

Gaston Rozy demeurait absorbé par toutes les idées qu'il venait d'entendre émettre et se taisait. Mais M. Jarcot infatigable reprit encore après un instant :

— Pour appuyer mes pensées, les mieux fixer, voulez-vous que nous jetions un coup d'œil sur l'univers? C'est utile; car c'est là que nous devons trouver comme la base de nos croyances ou, plutôt, le principe de nos convictions.

Mais n'oublions pas que c'est là un coup d'œil bien hardi pour nous, pauvres hommes si infimes, et ne nous y égarons point. Là, les détails nous troubleraient, nous sortiraient de notre cadre et n'ajouteraient rien à notre doctrine. Nous risquerions seulement de nous perdre absolument dans l'immensité de l'espace et l'infini des temps.

Comment comprendre, en effet, qu'au delà des astres, si éloignés que, quoique d'un volume énorme, nous les percevons à peine, il y en a d'autres que nous n'apercevons pas et, après, toujours d'autres encore? Comment saisir que tout ce qui existe a passé par des états différents et inconnus avec les temps infinis écoulés et continuera de se transformer indéfiniment?

Les astronomes nous parlent de distances de milliards de lieues et ce n'est là qu'une unité; les géologues, eux, nous parlent aussi de milliards de siècles et ce n'est, là encore, qu'une autre unité. Comment s'y reconnaître? Comment comprendre?

Heureusement du moins pour le philosophe, lui ne mesure rien. Il n'a qu'à laisser aller sa pensée assez loin, aussi loin qu'elle peut aller. Elle n'ira du reste jamais au but, puisque ce qui existe est bien au delà de notre courte conception.

Et il n'y a, pour nous, qu'à constater notre infériorité, notre faiblesse, sentir surtout combien nous sommes infiniment petits devant l'infiniment grand et combien la vie des êtres est infiniment courte devant l'infini des temps.

Bref, jetons un coup d'œil d'ensemble sur l'incommensurable Univers en ne le regardant que dans ses phases générales. Remontons bien loin, très loin, en arrière, dans l'éternité, et jetons d'un mot une idée :

L'espace infini est rempli de vapeurs comme d'un brouillard épais tenant tout en lui; car, alors, la chaleur est aussi infinie et capable de tout volatiliser. Puis, cette chaleur diminue et, ainsi, dans l'infini des temps, les vapeurs se condensent, se localisent. Dès lors, des masses se forment, se repoussent, s'attirent; les mondes se constituent, se mettent en mouvement; l'Univers s'organise.

Et voilà plus que des milliards et des milliards de siècles, — toute une éternité passée, — résumés en quatre lignes.

Après tout, pourquoi émettre, en pareil cas, des idées insignifiantes en réalité? Ce que je pourrais du reste ajouter ne serait toujours que des descriptions supposées, des idées personnelles et vagues. Ce ne serait là qu'un récit d'imagination et rien de plus. On ne sait pas.

*
* *

— Quoi qu'il en fût, le soleil est formé; les étoiles, ces milliers de soleils, sont faites. Des satellites ont tourné autour de ces soleils et, par ici, c'est la terre, une petite masse dans le grand tout, qui, dans l'infini de l'espace, tourne autour du soleil; aussi la lune qui, comme par hasard, gravite autour de la terre.

Mais, là, nous sortons des hypothèses sur le passé; nous entrons dans une phase de l'Univers que nous pouvons mieux saisir. Nous touchons à ce que nous pouvons un peu constater. Alors nous pouvons dire que la lune, plus petite, s'est vite refroidie, que la terre la suivit dans le refroidissement général, tandis que le soleil les éclaire et les éclairera toutes deux, jusqu'à ce que lui-même se soit aussi refroidi. Voilà pour le présent, au moins pour un présent relatif, dans l'infini des temps.

Ensuite, par le passé entrevu, nous pouvons aussi entrevoir l'avenir. Après, le soleil s'éteindra, — oh! mais dans combien de millions de siècles? — et ce sera la nuit pour notre système planétaire. Puis, comme les étoiles s'éteindront aussi toutes à leur tour, ce sera la nuit partout. Ce sera encore le froid immense, infini toujours, toujours dans l'infini des temps.

Mais pourquoi parler aussi de l'avenir? Avec lui nous revenons aux hypothèses, à l'œuvre de l'imagination ; là, encore, on ne peut savoir.

Tout ce que l'on peut dire, c'est que pour la matière qui est éternelle, dont la nature propre est de se modifier sans cesse, il y aura des états nouveaux par lesquels elle passera, comme, autrefois, elle passa par d'autres états, absolument indifférente toujours, comme toute matière, aimant aussi bien le froid que le chaud, la nuit que la lumière, la mort que la vie.

***

— Ceci dit, tenons-nous-en à la terre ; c'est déjà beaucoup.

Or, si nous la prenons à sa formation, nous la voyons comme une boule de feu, un petit soleil, le deuxième de la lune déjà refroidie un peu, en attendant qu'elle ne soit plus, pour notre satellite, qu'un centre froid de gravitation.

Mais, je le répète, tenons-nous en à la terre et n'allons pas même dans la lune. Malgré sa proximité relative, c'est encore bien trop loin pour nous, la lune, et nous avons assez à voir sur cette terre et à penser à nous-mêmes.

Donc, la terre est d'abord un globe de feu ; puis elle se refroidit et les eaux qui l'entourent à l'état de vapeur, se condensent sur elle.

Toutefois, la croûte terrestre est bien mince d'abord et, sous le poids des eaux, sous la poussée de la chaleur intérieure, à laquelle les volcans ne peuvent suffire comme soupape de dégagement, cette croûte se soulève ou faiblit, formant, ainsi, des creux et des bosses, des monts, des vallées ou des mers.

Faut-il remarquer, en passant, que toutes ces aspérités restent insignifiantes eu égard à la grosseur de la terre, si bien que ce que nous appelons les horreurs ou les beautés de la nature ne comptent guère pour elle ; l'écorce terrestre demeure toujours comme unie à sa surface avec sa seule courbe ellipsoïdale que lui donna son mouvement.

Bref, cette croûte terrestre s'épaissit encore ; un semblant de calme règne à sa surface et une vie que nous connaissons, par elle-même ou ses vestiges, apparait.

Cà et là, des points morts infiniment petits, se soulèvent, des boursouflures paraissent ; il y a comme une fermentation spéciale sous certains points, c'est une composition nouvelle par place, par suite d'une décomposition, et des cellules-matière deviennent cellules-vie, des germes se sont formés, constitués, lesquels grandissent et prospèrent.

D'abord ce sont des plantes et des êtres de structure simple qui en sortent, comme si la terre voulait s'essayer dans son œuvre d'enfantement ; mais, en réalité, cela est seulement parce que les circonstances et l'état de la terre le veulent ainsi. Après, naissent d'autres plantes, d'autres êtres, toujours selon les circonstances qui se modifient.

Ensuite, viennent de grands bouleversements et, comme si la terre s'était trop pressée dans son enfantement, bien des vies sont anéanties ; mais ce n'est pas parce que la terre s'est trop pressée, c'est seulement, toujours, parce que d'autres forces le veulent ainsi.

Puis, après cette vie primitive connue, en survient encore une autre, selon l'état nouveau de la terre et selon les faits qui président à la formation de cette vie. Et la croûte terrestre se consolidant, se modifiant, les espèces succèdent aux espèces ; la matière-vie évolue.

En somme, quand la matière peut vivre, elle vit ; et quand des obstacles à cette vie surviennent, c'est la mort. La vie, c'est-à-dire la matière animée, paraît où elle peut, où elle doit paraître, et la transformation, la décomposition ne s'arrêtent pas non plus. Tout suit son cours régulier et normal. Et la vie, qui n'est qu'un état particulier et momentané de la matière, ne compte pas plus que cette matière, vis-à-vis de la nature.

Pourtant le calme presque absolu prend le dessus sur la terre, et la vie, que nous connaissons, peut, cette fois, se développer tranquillement; elle peut même d'autant mieux suivre son mouvement avec plus d'intensité, que les cataclysmes passés ont préparé des vallées plus fécondes et des terrains nouveaux.

Aussi, en me reportant à cette époque si lointaine, je vois d'ici plantes, bêtes et hommes, — des hommes qui ne sont encore guère que des bêtes, — garnir l'énorme fromage qu'est la terre, bêtes et gens errant au milieu des plantes comme les gros vers du petit fromage au milieu de quelques moisissures, tous restant d'ailleurs égaux vis-à-vis de la nature, tous n'étant qu'un peu de matière momentanément animée par une force motrice encore inconnue.

*
* *

— Ainsi le temps passa, des siècles et des siècles ! Et tous les êtres, plantes, bêtes et hommes, luttèrent pour leur vie, les uns succombant dans leur faiblesse, les autres triomphant.

Mais, dans cette lutte pour la vie, il se fit mille changements chez les êtres ; il y eut mille modifications chez tous, selon les besoins de chacun et le milieu où ils se trouvèrent. De telle sorte que ce fut, après la naissance, comme une assimilation et une adaptation générales. Les espèces se perfectionnèrent.

Et l'homme resta le triomphe de la production terrestre. Superbe et étrange production matérielle, merveilleuse même par sa cervelle ; triste triomphe pourtant, malgré le côté intellectuel de notre être, si on considère nos passions, nos faiblesses et nos vices.

Mais la pauvre terre ne pouvait faire mieux.

Matière, elle ne pouvait donner à ses enfants que le principe matériel, le même principe à tous. Oui, telle qu'elle était, simple matière, elle ne pouvait nous donner que le principe de conservation, comme elle l'a donné à tous ses enfants, principe qui, pour nous, est notre intérêt personnel, notre égoïsme, notre « moi ».

Heureusement pourtant que notre organisation, notre confection, si vous voulez, nous a donné, en plus, notre intellect. Avec lui, nous avons pu nous mettre au-dessus de la matière, même nous élever au-dessus des autres êtres sortis eux aussi, de cette matière insensible, et constituer une espèce absolument spéciale et supérieure. Que n'avons-nous pu encore nous élever davantage et nous grandir par le cœur ! Que ne pouvons-nous nous améliorer encore bien plus et vite !

Mais qu'importe de nous pour la terre et pour les mondes ? Nous ne comptons pas plus que les autres êtres. Notre vie, quoique spéciale, n'est rien dans l'Univers, et pour la matière, poursuivant sa route, notre supériorité ne compte point.

Et notre terre se refroidira plus encore et le soleil ne lui donnera que des rayons moins chauds. A la fin, toujours après des siècles et des siècles, elle roulera glacée dans l'espace, comme autrefois, elle y roula brûlante. Il n'y aura, alors, qu'une fourmilière de moins, la nôtre.

Je dis : « *Une fourmilière de moins* », car il est impossible de supposer que, seule, la parcelle de la matière infinie qui a formé la terre, ait pu engendrer la vie. Sur les autres mondes, la matière a dû aussi pouvoir enfanter, ou mieux se transformer, pour devenir, en certains points, des parcelles vivantes. Il y a donc certainement, on peut le dire, sur les globes qui circulent dans l'espace, d'autres existences.

Que sont-ils ces êtres ? On ne peut savoir. On ne peut que leur souhaiter bien vivement d'être meilleurs que les hommes et mieux doués encore. En tous cas, quels que soient leurs formes, leur constitution, leur caractère, leur intellect, il ne sont certainement pas parfaits non plus, ces habitants des autres mondes, puisqu'ils ne peuvent, du moins, que provenir du même principe que nous et que, comme nous, il ne sont que les enfants de la matière.

XI

Alors, M. Jarcot se leva et, allant à la fenêtre qu'il se disposait à ouvrir :

— Vous permettez que je donne un peu d'air ? dit-il à Rozy ; notre fumée devient trop épaisse et il fait si beau dehors.

Puis revenant à sa place :

— Cette fumée, continua-t-il, me représente un peu, — sauf la chaleur et la composition, — l'état de l'espace dans l'infini des temps passés. Enfin tout cela s'est éclairci, purifié. Quelle limpidité maintenant ! Que de beaux jours après ce trouble ! Au chaos a succédé l'ordre.

Mais non ; je dis mal. En parlant ainsi, je parais conserver l'erreur de beaucoup. Or, pour la nature, le chaos, — si chaos veut dire le mélange des mondes, — ce n'était pas le trouble, c'était l'ordre absolu. Le désordre ne peut pas être dans l'Univers.

Cette vapeur des premiers temps, — ou mieux des temps de l'infini passé, car il n'y a pas de premiers temps dans l'éternité, — c'était comme le commencement régulier de ce qui devait suivre; disons mieux : l'état normal de la matière en ce temps-là. Tout n'est et ne peut être qu'ordre dans la nature, qui subit l'effet des lois.

Nous ferons mieux, du reste, de ne pas insister sur cet état passé de l'Univers, car tout ce que nous avons dit n'est, — nous le savons, — qu'hypothèses et il se pourrait très bien qu'il en ait été tout autrement. Tout ce que nous avons émis sur le prélude et la formation des mondes est, peut-être, tout le contraire de la vérité. Qui sait?

Qui me dit, notamment, que cette chaleur, que nous avons supposée être partie de l'infini, ne se soit pas seulement produite à un moment donné, par suite de certains mélanges, de fermentations, de combustions diverses et sous l'influence de courants électriques? Qui me dit qu'il n'y a pas eu du froid d'abord au lieu de chaleur, que la chaleur n'est pas venue qu'après? Qui oserait se prononcer avec assurance?

Nous avons dit aussi que le froid, un froid terrible, infini, arrivera un jour et qu'il n'y aura partout, alors, qu'une nuit profonde et noire. Mais qui me dit que la chaleur ne pourra renaître ou se maintenir, que la lumière ne pourra briller toujours? Qui sait?

Qui sait seulement si, comme nous l'avons d'abord fait pressentir, les mondes ne sont pas sortis de simples atomes ayant puisé leur vie dans l'éther autour d'eux?

Bref, nous avons développé une idée qui paraît possible, normale; mais bien d'autres hypothèses aussi possibles, aussi normales, peuvent être faites devant notre ignorance absolue à cet égard. La vérité est que toutes ces questions sont bien trop au-dessus de nous et qu'il est plus sage de ne pas insister.

*
* *

— Je le crois, interrompit alors Rozy; mais

quelle que soit la forme que présenta autrefois la matière et ce qu'elle sera dans la suite des temps, je vous demanderai : Selon vous, monsieur, d'où vient-elle cette matière? Pourquoi est-elle?

— Il est facile de répondre à votre première question, répliqua M. Jarcot. C'est que si l'on est forcé de se promener dans les hypothèses quand on parle des transformations passées et futures de cette matière qui constitue les mondes, on peut, du moins, affirmer, en restant dans la vérité, que la matière ne vient d'aucune part. Elle n'a pu sortir de rien; elle ne pouvait se créer. Elle est, donc elle a toujours été, au moins en principe; je veux dire qu'elle fut certainement sous un aspect tout différent de celui où nous la voyons et la concevons; mais qu'elle fut toujours.

Quant à vous expliquer pourquoi elle est, c'est assurément impossible. Nul ne peut le dire et même le pressentir. Elle est tout simplement, sans doute, parce qu'elle ne pouvait pas ne pas être. Mais qu'importe sa raison ? Il nous suffit, pour notre philosophie, de comprendre et de savoir qu'elle n'a pu être créée.

Et de même qu'elle n'a pu être créée, la matière ne peut disparaître. Rien ne peut faire quelque chose et quelque chose ne peut devenir rien. Il n'y a que des transformations possibles dans la matière ; l'élément subsiste.

On dit bien que la matière se dissipe, s'évapore, s'en va dans l'éther ; c'est possible ; cela semble même normal. Mais, alors, le dit éther redeviendrait ce qu'il était ; ce serait la matière même ou son élément, son principe. Ainsi le monde, parti du chaos, retournerait au chaos. Pourquoi pas ?

On peut faire, sur les transformations passées et futures de la matière, qui n'a ni origine ni fin, toutes les hypothèses, même celles ayant un caractère scientifique, et n'oublier qu'une possibilité, celle qui serait la vérité.

***

— Je me résume, poursuivit M. Jarcot. L'Univers, c'est, dans l'infini incompréhensible de l'espace, la matière éternelle se modifiant sans cesse, demeurant comme animée. La vie apparente pour nous n'est qu'une forme passagère de la matière.

Mais tout ce que l'on raconte sur la création des mondes, sur leur fin, n'est qu'hypothèses et tout ce que l'on dit de l'immatériel, de l'au-delà, n'est que le fruit de l'imagination et, — nous l'avons déjà remarqué, — la conséquence de notre orgueil et de notre naïveté.

Les hommes, ne comprenant rien à tout ce qu'ils voient, ont inventé et, dans leur désir de se croire plus, n'ont su qu'imaginer pour satisfaire leur vanité. Et, à force de se répéter les histoires imaginées, ils ont fini par les croire. Ce fut à la fin, pour eux, comme une suggestion. Ils n'ont même pas hésité, ces petits hommes, à se dire les rois du monde, le chef-d'œuvre d'une création surnaturelle. Quelle folie et quelle présomption !

Ils sont allés jusqu'à croire, les pauvres illusionnés, que l'Univers avait été fait pour leur satisfaction, que les montagnes, les mers, n'étaient créées que pour leur offrir de beaux tableaux, quand tout cela ne dit que leur insignifiance et crie leur petitesse.

Et ils ont poussé leur erreur plus loin encore. Ils ont dit que les étoiles n'étaient au ciel, brillantes et superbes, que pour embellir leurs nuits, que le soleil ne se levait que pour eux. Et, entraînés par un orgueil insensé, ils ont même imaginé que, faits d'une essence particulière, émanant spécialement de cette source divine qui aurait tout créé, ils ne mourraient jamais.

Ils ont seulement oublié, en s'élevant ainsi, ces malheureux, que leur existence est bien éphémère devant l'éternité et qu'ils ne sont qu'un point nul dans l'immensité. Ils oublient qu'ils sont à la merci d'un nuage, qu'ils ne peuvent rien contre les intempéries, que leur vie ne compte pas dans l'Univers et qu'ils ne sont que le jouet des Éléments, tout comme un fétu de paille.

Ils devraient cependant savoir, les simples,

qu'à peine venus sur terre, ils émiettent tous les jours quelques parcelles de leurs pauvres personnes. Ils devraient pourtant voir l'évidence et reconnaître qu'une simple petite colique les abat et que, rongés déjà par des vers de leur vivant, ils sont bientôt, pour peu qu'un fil se brise en eux, le fumier le plus puant.

XII

Gaston Rozy donnait sa meilleure attention aux paroles du philosophe, pesant toutes ses idées et approuvant par ses gestes. Il dit seulement :

— J'accepte vos doctrines, monsieur, et je comprends bien qu'il ne puisse y avoir au monde que matière. J'ajoute même que mon esprit, quoique troublé, quand il s'enfonce dans des réflexions si profondes, telles que celles que vous émettez, saisit mieux cette idée de matière que celle du vide, lequel serait si la matière n'était pas. Il me semble, en effet, que l'espace implique quelque chose.

Mais si j'admets la matière éternelle, sa transformation constante, son état spécial sous forme de vie, son obéissance, enfin, aux lois physiques, chimiques et mécaniques que nous connaissons et sans doute à d'autres que nous ne connaissons pas, je me demande qui les a faites, ces lois ?

— Il n'y avait pas de lois à faire, reprit M. Jarcot. Leur élaboration, — si je puis dire, — ne constituait pas un code à établir. Ces lois ne peuvent pas du reste ne pas être. Elles sont immuables et éternelles ; elle ne sont qu'un principe. Ces lois sont primordiales.

En admettant le vide partout, elles seraient quand même, ces lois. De telle sorte que les premières molécules apparaissant dans le vide supposé, seraient soumises aux lois en question.

Il n'y avait pas, par exemple, à décréter que deux corps doivent s'attirer, que le frottement développe de la chaleur et de l'électricité, que deux corps alliés ensemble en forment un troisième absolument différent des deux premiers.

Du moment que deux corps sont en présence ou en contact, la conséquence suit, le fait s'éxécute. Je le répète : Il n'y avait pas de lois à faire ; elles sont d'elles-mêmes.

— Mais ces lois c'est l'immatériel ? dit Rozy.

— Assurément. D'ailleurs n'avons nous pas exposé que l'immatériel ne pouvait être qu'un principe ? En reconnaissant l'immatérialité des lois, je ne détruis rien de ce que j'ai avancé.

— Dans tous les cas, vous supprimez l'idée de Dieu ? demanda encore Rozy.

— J'attendais la question, répondit M. Jarcot. Eh bien, non ; je ne supprime rien du tout ; je remets seulement les choses au point. Et c'est l'idée de Dieu qui se supprime elle-même. Elle fait double emploi ; elle est de trop ou plutôt elle est mal comprise. Voyons du reste :

Je pourrais, avant de m'expliquer, vous demander ce que vous-même, vous appelez Dieu ; car je crois bien que chaque croyant en lui, en a une conception différente et, comme les autres, si vous êtes déiste, vous devez avoir la vôtre. Mais, si vous le voulez bien, nous ne ferons pas ici de philosophie personnelle ; restons dans l'ensemble des croyances générales.

Alors, nous devons constater d'abord qu'il ne signifie absolument rien de dire que l'on croit en Dieu ou que l'on n'y croit pas, puisque l'on ne saurait même pas, dans ce cas particulier, exprimer d'une façon positive ce que l'on croit. Et, pourtant, avant toutes discussions, il faudrait d'abord déterminer d'une façon précise ce que l'on entend examiner.

Mais comment s'entendre sur cette idée de Dieu, puisque, là, on sort du positif, pour se perdre dans des figures éthérées, imaginaires, dans une conception que, — je viens de le dire, — chacun comprend à sa manière? Or si l'on ne peut s'entendre sur la nature de ce Dieu, comment arriver à le discuter? On ne saurait que s'égarer dans des rêves indéterminés et des paroles oiseuses.

Si bien, qu'en envisageant, sérieusement, ce principe de la divinité, on arrive à reconnaître, devant la multiplicité des formes et des figures qui ont été accordées à Dieu, devant les conceptions infinies qu'il a enfantées, que ce sont les hommes eux-mêmes qui l'ont inventé et composé.

En considérant l'Univers incompréhensible et le mystère qui entoure le principe vital, les hommes ont cherché une cause; et, comme cette cause était bien au-dessus d'eux, ils ont imaginé un être supérieur, indéfinissable, ayant tout fait, dirigeant tout, sans se rendre compte qu'ils ne comprenaient pas plus la cause que l'effet.

Et, inventant un Dieu selon leur fantaisie, les hommes l'ont, tout naturellement, n'ayant pas de conceptions plus élevées, conçu à leur image; je veux dire, non seulement avec un corps plus ou moins beau, mais encore, avec des faiblesses morales, des passions, des vices:

Il y eut ainsi, de par les cieux, des Dieux bien différents, des Dieux divers, selon les pays, des Dieux de toutes conceptions, mais tous capables de colère, de vengeance et même de mauvaises actions. Avec la puissance, les hommes leur accordèrent tous leurs défauts. Quelle compensation ! Ah ! pauvres Dieux !

En vérité les hommes les ont bien mal conçus tous les Dieux qu'ils inventèrent. Quelle triste opinion ont-ils eue et ont-ils encore d'eux tous ! Au reste, avec leur vue si étroite, avec leur origine matérielle, avec leur principe bestial, pouvait-il en être autrement ? Les hommes font ce qu'ils peuvent.

Mais qu'il est fâcheux que le Dieu unique, inventé çà et là, n'ait pas existé ! Au moins lui, parfait comme il l'eût été sans doute, n'eût pas songé, bien sûr, à faire les hommes tels qu'ils sont. Il les eût certainement faits meilleurs.

Vous voyez que je ne cherche pas à renverser l'idée de Dieu. Au contraire, je regrette qu'il ne soit pas. Émanant de la perfection, nous eussions, nous-mêmes, tenu sans doute de cette perfection, ce que nous devons d'autant plus regretter que nous en sommes plus loin.

***

— Mais revenons à l'idée générale de Dieu

et laissons tout ce que l'imagination des hommes a pu enfanter. Expliquons-nous bien ; c'est très simple :

Si ce que l'on appelle Dieu est l'être qui a tout créé, je vous rappelle qu'il n'y a rien eu à créer et qu'ainsi ce Dieu-là n'a pas sa raison d'être.

Si, par Dieu, vous entendez le directeur de tout ce qui se passe, je vous dis encore qu'il n'y a pas besoin non plus de ce Dieu-là, puisque, nous le savons, les lois sont là pour présider à tout.

Enfin, si, par Dieu, on entend l'infini et l'éternité, je dis que l'infini, comme l'éternité, ne représentant qu'une succession de temps ou d'espace, ne sont ni une force ni une volonté.

Alors, si Dieu n'est pas le créateur du monde, non plus le régulateur de l'Univers ; si Dieu n'est ni une force, ni une volonté, qu'est-il donc ?

Et si matière, lois, infini, éternité, sont ce que l'on appelle Dieu, je dis que ce mot « *Dieu* » est plutôt de trop dans les dictionnaires, puisqu'il ne fait que désigner des choses déjà dénommées.

De telle sorte que, dans les « *Larousse* » de l'avenir, on pourra peut-être lire :

Dieu. — *Mot représentant une conception idéale, que l'on employait autrefois pour désigner un ensemble de choses incomprises et dépassant l'imagination humaine. Voir : Infini, Éternité et Univers, ainsi que les lois qui le régissent.*

Je vous l'ai dit : L'idée de Dieu fait double emploi ; elle se supprime d'elle-même.

***

— D'ailleurs, même en acceptant l'idée, le principe possible, d'un être créateur et directeur de tout, comment admettre un Dieu, qui, après avoir fait aussi précis, aussi beau, aussi grand, qu'est l'Univers, se soit amusé à modeler des bêtes de toutes sortes, de jolies et d'ignobles, de douces et de terribles, pour leur dire après : « Et, maintenant, mes petits enfants, si vous voulez vivre, mangez-vous les uns les autres ». Quelle cruauté, alors !

Comment comprendre aussi un Dieu partial donnant tout aux uns, beauté et intelligence, et rien aux autres, un Dieu injuste épargnant les méchants, frappant les bons et se laissant aller à la vengeance? Comment se figurer un Dieu, qui devrait être immuable, se laissant fléchir par certaines prières? Comment s'imaginer un Dieu s'amusant à faire des tempêtes, à produire des cataclysmes, à détruire ce qu'il a créé, à nous accabler de fléaux, se jouant des souffrances et de la mort, n'ayant voulu la vie que pour le mal des vivants?

Mais non; ce Dieu, ainsi compris, ne peut être accepté que par les esprits faibles et être un épouvantail dans la main des maîtres. Je suis convaincu que vous reconnaissez que ce Dieu-là est bien l'œuvre de l'homme.

Qu'importe! j'insiste encore : Mais un Dieu, comme on le comprend, c'est-à-dire passant pour avoir produit la matière qui ne se crée pas, pour avoir organisé des lois qui sont d'elles-mêmes, ne serait, de par les hommes insolents, qu'un enfonceur de portes ouvertes. Il serait encore, devant le mal qui existe, non pas un être à bénir et à adorer, mais bien un être cruel, néfaste, à blâmer et à maudire.

Mais calmons-nous et ne divaguons point! Il n'y a pas plus à maudire qu'à adorer. Il n'y a pas à se récrier contre le mal qui nous arrive, pas plus qu'il n'y a à remercier du bien qui nous survient. Il n'y a pas un Dieu coupable, pas qu'il n'y a un Dieu bienfaiteur.

Il n'y a qu'à prendre les choses telles qu'elles viennent, en jouissant des bonnes, en s'efforçant de triompher des mauvaises; car il n'y a que la matière subissant la force des lois, la matière irresponsable.

Et il n'est que juste, logique, de dire que tout ce qui se passe et arrive, ne se passe et n'arrive que parce que les circonstances, les faits, les lois enfin, le veulent ainsi; qu'il n'y a, au monde, que concordances et résultantes et que tout ce qui est est parce que cela ne pouvait pas être autrement.

XIII

M. Jarcot s'était arrêté de parler. Il pensait s'en tenir là pour cette fois; mais Rozy, toujours désireux de savoir et de l'entendre, le poussa plus loin encore.

— Soit, dit alors le journaliste, j'admets vos raisons, monsieur, j'accepte vos doctrines; mais, en supprimant le principe de l'immortalité de l'âme, en écartant l'idée de Dieu, en ramenant, enfin, tout à la matière, il arrive, — et c'est peut-être là le mauvais côté de nos croyances pourtant justes, — que l'on peut soutenir, au moins en apparence, qu'il n'y a plus ni bien ni mal. Et je me demande si la vérité n'est pas, là, effrayante et terrible ?

— C'est vrai, répliqua, alors, M. Jarcot, que la matière ne peut être responsable et que, pour elle, il ne peut y avoir ni bien, ni mal. Aussi ne faut-il pas accuser, par exemple, la bête quand elle en dévore d'autres. C'est son droit, puisque c'est sa vie et ce n'est du reste que chacun son tour.

Le lion mange le chacal, qui dévore le chat, qui croque les souris et ainsi de suite. Le plus gentil des oiseaux porte la mort chez des milliers d'insectes; même l'herbivore, qui semble en dehors de cet affreux carnage, mange avec son herbe, des masses d'êtres tout aussi attachés à la vie et aussi sensibles que nous pouvons l'être nous-mêmes. Et si nous détruisons, nous, quantité de bêtes, les microbes les vengent bien.

C'est ainsi et nous n'y pouvons rien. Nous ne pouvons que regretter que la nature ait ainsi voulu les choses et que la vie des uns ne puisse être que par la mort des autres; nous ne pouvons que déplorer cet état vital et ce fut, vous le savez, ma première pensée.

Quant à l'homme, en tant qu'enfant de la matière, il n'est et ne peut être non plus responsable de ses vices et de ses cruautés, pas plus qu'on ne saurait le louer sur certains actes. Pourquoi d'ailleurs serait-il plus responsable que les bêtes, puisqu'il a la même origine?

Chaque être a son caractère spécial ; celui-ci a la douceur, celui-là la férocité ; l'homme, lui aussi, a son principe personnel. Chaque être est soi. Ainsi, ce n'est pas sa faute, à lui, à l'homme-premier, s'il est méchant, cruel. Il peut tuer son congénère qui lui dispute une proie ; c'est sa vie. Et tout cela est parfait en principe, n'est-ce pas? Oh ! la belle vie que celle qui nous fut faite par le développement de certains atomes capables de nous produire.

— Mais alors tous les crimes? demanda Rozy.
— Attendez ! interrompit vivement M. Jarcot sans laisser à l'interviewer le temps d'achever sa pensée qu'il était du reste facile de pressentir. Attendez ! Je vous ai parlé de l'homme isolé, libre et primitif, de l'homme-bête enfin ; mais chez l'homme dont l'intellect a développé la

raison et la volonté, chez l'homme qui doit ainsi distinguer le bien du mal et reste maître de ses actes, chez l'homme constitué en société, c'est tout différent.

Certes, l'homme, transformé et uni à ses semblables, a toujours le droit de se nourrir et cette bonne nature, toujours prévoyante, lui a donné des bêtes pour son régal ; mais il ne reste plus libre de nuire à ses frères ; au contraire il doit aider à tous, comme tous doivent aider à lui-même.

C'est que, puisque l'intelligence de l'homme lui a permis de s'élever au-dessus des bêtes, il ne doit plus être avec elles ; il doit se placer au-dessus d'elles et les mœurs des dites bêtes ne doivent plus être les siennes. L'homme s'étant fait une place à part, il est lui.

C'est qu'avec la société constituée, il n'y a plus seulement un homme, mais tous les hommes, qui forment comme une nouvelle unité. A l'égoïsme de chacun, qui, seul, conduisait l'homme isolé, doit s'adjoindre forcément l'égoïsme de tous. Le « moi » de la société doit s'ajouter forcément au « moi » de l'individu.

En résumé, si l'homme eut, en principe, toutes les libertés possibles tant qu'il vécut à l'état bestial, il perdit aussitôt certaines d'entre elles, — celles qui peuvent nuire aux autres, — dès qu'il vécut en communauté. C'est que, dans ce nouvel état, il n'est plus seulement lui, mais partie de tous. Il n'est plus, dès lors, simplement homme, mais citoyen.

Et, ici, je m'arrête, puisque nous sortons, là, des grandes lignes que j'ai essayé de suivre aujourd'hui. Nous touchons maintenant spécialement à la vie des hommes et à leur organisation. Si vous le voulez bien, nous en causerons une autre fois.

Deuxième Journée

I

Après quelques jours passés à revoir ce qu'il avait écrit, à rectifier ce qui était incomplet dans ses notes, Gaston Rozy ne manqua pas de revenir trouver M. Jarcot.

L'interviewer avait du reste été fort impressionné par la parole du philosophe et avait hâte de l'écouter encore, surtout que les théories entendues répondaient à ses convictions personnelles et demeuraient, pour lui, comme une sanction autorisée à ses croyances, là où il avait gardé quelques doutes.

Donc, Gaston Rozy revint au château de M. Jarcot et, cette fois, il ne rencontra plus aucune difficulté. La vieille le reçut sans observation et le chien, lui-même, sembla lui faire fête. Il était connu.

— Je vous attendais bien un de ces jours, dit M. Jarcot, dès qu'il aperçut le reporter; et il se leva pour aller au-devant de lui, la main tendue.

— Je ne voulais pas oublier de venir, répondit Rozy; j'avais même hâte de me retrouver avec vous, monsieur; j'ai eu tant de plaisir et ai trouvé tant d'intérêt, l'autre jour, en vous entendant exprimer vos pensées. Aussi, j'en attends la suite avec impatience.

— Alors, puisque vous le désirez, reprit M. Jarcot, nous allons continuer notre entretien. Mais, cette fois, nous laisserons l'Univers avec son immensité et ne parlerons plus de la matière éternelle se transformant sans cesse; nous avons noté ses évolutions et sa vie.

Nous ne nous occuperons plus de ces âmes, que l'on dit se ballader éperdues de toute éternité dans l'infini de l'espace, attendant un spermatozoïde disponible ou un fœtus en formation, — on ne sait pas encore, — pour retenir une place dans un crâne à venir. Nous laisserons ces âmes emboîtées, momentanément, jusqu'à la mort de ce crâne, regagner, pour une autre éternité, les régions de délices ou de douleur, selon qu'elles auront été plus ou moins sages dans leur si court passage sur terre. Nous n'avons plus à dégager les fruits d'une imagination orgueilleuse de la réalité; c'est fait.

Nous ne discuterons plus, sur les Dieux divers qu'inventèrent les hommes et qu'ils firent à leur vilaine image, les rendant bien sottement responsables du mal qui leur arrive; nous avons montré la confusion faite et dit l'erreur de cette conception.

Nous envisagerons aujourd'hui l'homme dans les grandes phases qu'il traversa; nous le suivrons dans son développement; nous verrons mieux ce qu'il est et nous nous demanderons, plus encore, si, malgré son origine, malgré tant de mauvais instincts, on ne peut espérer, pour lui, une vie plus juste et meilleure, plus élevée et plus belle.

**

— Le voilà donc, l'homme, venant sans doute comme une vésicule, comme un champignon, comme un œuf. Le voilà, après, se traînant, faisant mille efforts pour subsister au sortir de sa chrysalide, issue elle-même d'une cellule qui prit vie; le voilà, ce petit géant ou plutôt ce grand nain, apparaissant sur la terre encore tiède et capable, alors, de le former et de le nourrir.

Ah! il n'est pas beau, l'enfant; du moins je me l'imagine bien laid et velu, mais très rustique et très fort. En tous cas il n'est certainement pas, ce nouveau-né, tel que sont les nôtres aujourd'hui. Il doit plutôt ressembler à nos singes.

C'est que, depuis cette naissance, le temps et la civilisation, — même celle qui n'est que primitive, —ont transformé la race en la façonnant, en l'embellissant; hélas! aussi en l'atrophiant; mais, en principe, notre race était surtout résistante, autrement elle eût vite succombé. Les hommes furent d'abord ce que furent les bêtes qui, physiquement, n'ont pas souffert, par contre-coup, de notre civilisation.

Donc, il est robuste et déjà bien formé quand il paraît, l'homme-enfant. Après, il grandit, se développe, devient homme, se tirant d'affaire comme il peut, parfois bien, parfois mal, et se reproduit de lui-même.

D'abord, comme le petit poulet, qui perce sa coquille le retenant prisonnier et peut de suite trottiner çà et là, l'homme-enfant a dû pouvoir se traîner facilement sitôt sa naissance. Alors, il suce une herbe, mange un ver, grignote un fruit tombé de l'arbre voisin, s'abrite sous une touffe de broussailles, se roule sur la terre encore chaude et se blottit sur elle, comme sur une mère.

En fait, cette terre, c'est bien sa mère et s'il put venir, vivre et prospérer, l'enfant, c'est que cette mère, sans entrailles pourtant, sans vie apparente, avait du moins, en elle, sur elle, ce qu'il fallait pour l'élever et le nourrir.

D'ailleurs, pour mieux comprendre l'apparition de notre vie sur le globe, pour bien se rendre compte d'un tel enfantement, il ne faut pas, bien sûr, voir la terre de ce temps-là comme est la terre d'aujourd'hui. Alors, elle était tout autre et dans des conditions atmosphériques toutes différentes. En ce temps-là, elle était encore un peu chaude, nous le savons, et, avec l'air ambiant d'une chaleur molle et régulière, elle dut offrir, aux nouveau-nés, comme l'installation d'une couveuse.

Au reste, quelque étrange que puisse paraître à beaucoup cette version de l'existence, il faut bien l'admettre comme vraie. Puisque nous existons, il a bien fallu que notre race parût un jour.

**
*

— Et puisque nous venons de parler de la création de l'homme ou mieux de sa venue sur terre, disons qu'il en fut de même pour tous les autres êtres. Il ne fut du reste pas plus difficile à la terre de faire et de nourrir un éléphant qu'un homme, pas plus simple de faire et de nourrir un insecte, un arbre, une herbe. Dans la nature, géants et microbes sont égaux, même les êtres de la famille végétale. Tous sont comme frères les uns des autres, que ce soit un protozoaire ou un chêne, un mastodonte ou une mousse.

Pour elle, nature, la complication de l'enfantement ne fut pas plus grande ici que là ; ce ne fut qu'une question de molécules premières tenant, en elles, les germes des êtres à former, lesquels germes devaient trouver autour d'eux, le nécessaire pour croître et prospérer. D'ailleurs tout ce qui se remue, s'agite, tout ce qui n'est pas matière proprement dite, n'est toujours que parcelles de matière, parcelles animées pour un temps et pas plus.

Et que l'on ne dise pas que la chaleur si grande, qui fut d'abord, aurait dû tuer tous les germes. Ce serait faux. C'est que les germes en question pouvaient très bien ne pas être au moment où tout était en fusion, — ils ne devaient même pas exister alors, — et ont pu être produits, après, par suite d'une certaine fermentation inconnue.

Du reste, pour la nature, la vie n'est pas plus extraordinaire que la matière même. C'est seulement un autre état. Voyez plutôt ces roches si admirablement établies, ces pierres si superbement veinées, toutes ces cristallisations si finement disposées ; voyez toutes ces compositions de la matière, toutes étonnantes, prodigieuses, presque aussi prodigieuses que la vie.

Et, pourtant, tout est simple, quand même, partout, puisque tout s'est formé, composé, par la seule force des lois, pour la matière et pour la vie. Aussi, s'il y a lieu de s'extasier devant toutes choses, même celles qui nous semblent les plus simples; s'il y a lieu de s'émerveiller devant la vie, même la moins compliquée, il n'y a pas, du moins, lieu de s'étonner. Si tout cela est, c'est que tout devait être, c'est que tout cela ne pouvait pas ne pas être. Et la reproduction des êtres par eux-mêmes, quoique toujours merveilleuse, n'est encore que logique et normale.

D'ailleurs, de même que si la matière n'avait pu enfanter la vie, la vie ne serait pas apparue ; de même si cette vie n'avait pu se reproduire, se continuer, elle ne serait plus, la terre n'ayant pu, qu'à un moment, produire certaines existences. Et tout n'est, en somme, que l'effet des lois et la conséquence des états particuliers de la matière.

*
* *

— Mais je reviens aux hommes et je dis que la quantité des naissances, qui eurent lieu pour eux, dut être très grande. Elle fut grande pour l'homme, comme elle fut grande aussi, sans doute, pour les autres êtres et pour les plantes, si on en juge par la prodigalité de la nature dans tous ses éléments de reproduction. Tellement que l'on dirait que cette bonne nature redoute que ses enfants soient trop peu nombreux à supporter la vie plutôt pénible qui leur est donnée.

En tous cas, cette production est si grande

que, sans les contre-temps de toutes sortes, sans la destruction des espèces entre elles, chacune de ces espèces aurait vite fait d'absorber la terre. Ce n'est même que cette triste fin des uns par les autres qui garantit le plus l'équilibre dans la multiplication trop grande de chaque race, alors qu'elle est inconsciente.

Et elle est inconsciente partout, cette fécondité étonnante, si ce n'est pour l'homme qui, dans son intellect, a trouvé le moyen de tromper la nature, ce dont il use d'autant plus qu'il s'avance davantage dans la civilisation.

En effet la civilisation, telle qu'elle est, reste plutôt une poussée vers le plaisir sans peine, un besoin de jouir seulement de la vie, encore le développement de l'égoïsme; c'est que la civilisation n'est pas toujours le progrès moral, si elle est le progrès physique; c'est qu'elle n'est parfois que l'approche de la décadence.

Bref, tandis que la trop grande fécondité est compensée chez tous les êtres par la destruction des espèces entre elles, la natalité chez les hommes est atténuée par eux-mêmes. Les hommes ont du reste encore la tuerie des guerres pour diminuer leur nombre et il y a, en outre, les épidémies qui frappent bêtes et gens pour équilibrer le mouvement de la vie.

On le voit encore, cette excellente nature a toujours pensé à tout; elle n'a fait le mal que pour le bien. On pourrait le croire du moins. Mais non; la nature n'est ni bonne ni mauvaise; il n'y a qu'apparence. La matière suit simplement sa marche indifférente, son cours régulier de transformations continues à travers les siècles qui passent comme nuls dans l'éternité.

*
* *

— Il fallut bien, toutefois, comme un excès de production d'abord, partout, pour que les espèces aient pu résister à la non-réussite des naissances difficiles et il le fallut, particulièrement chez les hommes, pour que cette espèce triomphât de la voracité de certaines bêtes parues avant lui. Autrement, nous eussions vite disparu, comme d'autres races qui furent incapables de résistance dans la lutte pour la vie.

Il est vrai que rien ne prouve que l'homme fût le dernier des êtres apparus sur la terre et qu'il trouvât, ainsi, un obstacle sérieux à son existence dans les bêtes venues avant lui et capables de le détruire. On doit même supposer le contraire; on peut penser que, le hasard le voulant, l'homme parut où il était le plus à l'abri des fauves. Qui sait ?

On doit surtout croire qu'il n'y eut pas une règle de succession de naissances entre les hommes et les autres êtres. Chaque espèce dut éclore, paraître, vivre, ici ou là, selon l'état de la terre et certaines circonstances particulières favorables à la création de chacune. Le classement des êtres, par leur valeur physique et instinctive, n'a probablement aucun rapport avec leur ordre de venue. Ce ne fut, sans doute, pas chacun son tour, mais conjointement, selon les circonstances où se trouvait la matière capable de prendre vie.

Il naît même, bien sûr, encore des êtres ; du moins on peut presque l'affirmer. Seulement, étant donné l'état actuel de la terre, nous nous trouvons à une époque de création inférieure. En tous cas, d'aucuns des êtres existants se transforment encore, d'autres disparaissent; les temps sont changés. Ils changent du reste constamment, sans cesse, et tout change avec eux. On doit, toutefois, pouvoir dire que s'il y eut des transformations, des évolutions, dans les espèces, les unes n'ont pu faire les autres. Chacune d'elles dut avoir son principe et sa vie première.

Mais ne nous prononçons pas plus sur ce sujet de la création des êtres. Là, comme pour l'organisation des mondes, on ne peut guère faire que des hypothèses et les choses se passèrent peut-être différemment que nous ne l'imaginons. Quoi qu'il en soit, tout sortit de la terre, voilà qui est certain, indéniable, puisqu'il ne peut en être autrement.

Et, en vous parlant de cette création, je pense, malgré moi, à ceux qui en sont encore à la légende d'un Dieu bâclant le monde en six jours et façonnant un premier homme d'une boulette de terre glaise. Que diraient-ils s'ils m'entendaient ? Mais que m'importent leurs idées rétrogrades et plutôt burlesques ! Si j'en parle, c'est seulement pour remarquer le rapport qui existe pourtant entre leurs dires et mes croyances. Là, comme ici, notre vie vient de la terre, de telle sorte que l'on peut penser que la fable est faite de la vérité.

* * *

— Quoi qu'il en soit du nombre de naissances et des difficultés à vaincre pour sa vie, l'enfant grandit et l'homme fut. Et il fut dans maints endroits de la terre ; de telle sorte que, selon qu'il parut, ici ou là, l'homme fut différent.

Il y eut ainsi, en groupant les types divers apparus, plusieurs grandes races : celle-ci noire, celle-là jaune, cette autre rouge, aussi la blanche ; toutes, constituant bien l'espèce humaine plus ou moins capable d'un développement rapide.

Le fait est que si l'homme ressemble, d'abord, plutôt à une bête, il se trouve, — très heureux hasard pour lui, — que sa substance grise a, en elle, le principe d'une grande amélioration possible que n'ont pas les cervelles des autres êtres ; il se trouve que cette cervelle, qui peut donner de suite quelques vagues idées, pourra, plus tard, avec la culture de cette faculté, l'élever au-dessus de toutes les bêtes et en faire, ainsi, véritablement un être à part.

Jusqu'alors c'est la race blanche qui a détenu le record de l'intelligence et du progrès; mais rien ne prouve que les autres races lui soient inférieures et n'aient pas la force d'un progrès égal, sinon aussi précoce. Il n'y a sans doute, chez elles, qu'une différence de développement, résultant des circonstances et des lieux.

Déjà la race jaune, considérée jusqu'à présent comme inférieure, montre une réelle supériorité et n'avons-nous pas chez les noirs, — cette classe d'hommes mise si à tort à l'écart, — des cerveaux capables de s'élever? Qui me dit que tous, jaunes, noirs ou rouges, émancipés et éduqués autrement qu'à coups de bâtons ou de baïonnettes, ne se modifieraient pas complètement? L'avenir, s'il peut être plus juste et meilleur pour eux, le dira à ceux qui nous suivront.

II

— Les hommes sont donc sur la terre, continua M. Jarcot; que vont-ils faire? Naturellement, comme tous les autres êtres, chercher à vivre et à se reproduire. La nature ne demande du reste rien de plus à ses enfants : croissez et multipliez! dit-elle seulement, si même elle dit quelque chose.

Alors, les voilà allant partout à la recherche de fruits et de gibiers ; voilà aussi les mâles à la poursuite des femelles et réciproquement, bien sûr, en dépit de la réserve des dames. Ainsi, chacun circule et chasse armé de pierres et de bâtons ; tous dépècent les proies avec les ongles et les dents et mangent cru ; après, ils se délectent avec les fruits de certaines plantes, et se rafraîchissent avec l'eau des ruisseaux. Les hommes ont d'abord la même vie que les singes. Et quand les rencontres sont favorables, on s'aime et les enfants viennent.

Mais, là, à propos d'attraction réciproque, — car l'amour des cœurs ne fut inventé que beaucoup plus tard, alors qu'il y eut des poètes, — doit-on penser que l'homme choisit une femelle et la garda toujours, ainsi que cela est chez certaines espèces d'êtres, ou que celle-ci fut à tous les mâles qui surent la charmer? On ne peut certes préciser et, sans doute, il vaut mieux ne pas chercher ce que l'on ne trouverait pas avec certitude absolue.

Ce qui est probable toutefois, c'est qu'il n'y eut pas de règles générales pour les rapports sexuels dans l'espèce humaine. La diversité dut provenir du climat, du tempérament de chacun, de l'attrait réciproque, aussi de certaines agglomérations de mâles ou de femelles; mais la nature ne semble pas nous avoir imposé une certaine règle fixe à cet égard, comme elle l'a fait pour certaines bêtes.

Au reste, la monogamie apparaît bien comme

une institution humaine, venue seulement par la suite des temps, puisque la fidélité, — il faut bien en convenir, — ne semble pas régner bien solidement dans nos cœurs. La monogamie n'est d'ailleurs que dans certaines régions. En réalité, c'est plutôt la polygamie qui domine ; elle domine même avec le semblant de la monogamie, ce qui ne veut pas dire qu'elle soit la vérité.

* *

— Ainsi, les unions sexuelles durent-elles être, primitivement, absolument libres, très libres ; et, là, ce fut la vérité au point de vue de la nature. Pourquoi d'ailleurs les hommes primitifs n'auraient-ils pas vécu selon leur fantaisie, n'étant tenus, les uns vis-à-vis des autres, par aucun contrat?

Alors, le seul devoir du mâle, — son rôle, si vous aimez mieux, — est de féconder la femelle. La femelle, elle, enfante et doit, après, seule, s'occuper de ses produits, au moins tant qu'ils sont encore comme partie d'elle-même ; mais pas plus. Puis, c'est tout, pour elle aussi. Et, les enfants venus et élevés, la mère ne les connaît plus; de même que ceux-ci ne songent pas à la reconnaître, dès qu'ils peuvent se suffire. Père, mère, enfants, ne sont que des étrangers entre eux, dans la suite de leur vie.

Il faut du reste penser que, si tel fut le premier état des hommes, qui vivaient absolument comme des bêtes, cet état ne persista relativement pas longtemps.

Il faut croire que, l'intellect aidant et développant l'affection, en même temps que la connaissance des choses, la mère d'abord, — sinon le père sans doute souvent inconnu, — put suivre son enfant dans la vie et l'enfant se souvenir des bontés maternelles. Il faut aussi penser que, peu après, le mâle chercha, dans la solitude qui lui pesait, à s'attacher, au moins pour un certain temps, la femelle qu'il avait choisie et, aussi, à veiller sur elle pour s'assurer de la paternité dont il éprouvait le désir. Et c'est de ces sentiments-là que dut naître la famille.

Quant aux enfants, ils ne s'en trouvèrent, ensuite, naturellement que mieux, puisqu'ils furent, ainsi, protégés et soutenus par le père et la mère réunis, quand leur union fut de durée, et même sans doute, aussi, par eux séparés.

C'est que l'on peut se demander si ce commencement, cette base de famille, fut bien assise et put durer aussi longtemps que les conjoints ? Ce n'est pas, en effet, une attraction si mobile, si chancelante, qu'est l'amour, qui peut rester toujours sans aucune variation.

Aujourd'hui encore, même sous la force des lois, l'amour ne peut guère rester prisonnier ; aussi peut-on croire qu'alors, qu'il n'y avait, en son nom, qu'une vague et légère promesse, ou même plutôt rien, les mariages n'étaient pas bien solides... Et, pourtant, qui sait si, là, dans l'union des sexes, une contrainte, une chaîne, n'est pas une excitation à rompre ? L'amour semble aimer, avant tout, la liberté ; aussi, la fidélité serait, peut-être, d'autant plus grande, qu'il serait plus facile de se quitter.

*
* *

— Quoi qu'il en fût, les accouplements renouvelés entre deux mêmes individus formèrent, ainsi, des unions réelles et finirent par constituer la famille qui devint, elle-même, la base des sociétés, lesquelles se manifestèrent par la formation des tribus.

Alors, avec le temps et plus de raison, on en vint, dans ces tribus, à régler, plus ou moins grossièrement, les rapports des sexes et à les fixer par des usages et des coutumes. L'intérêt des enfants et les jalousies d'amour poussèrent surtout, sans doute, les hommes-premiers à faire cette réglementation.

Mais, naturellement, ces usages furent différents ici et là. Ils furent différents selon le caractère des hommes, selon les pays, les circonstances, et se modifièrent avec les siècles. Toutefois, partout, on peut le dire, ce que l'on adopta en principe fut injuste et anormal, parce que l'inspiration de ces usages fut, là plus qu'ailleurs, l'œuvre de la passion et de la force s'ajoutant à l'égoïsme.

Les hommes ne pouvaient du reste avoir de suite une opinion juste et raisonnée sur ce point, puisqu'ils cherchent, encore maintenant, la bonne solution à cet égard, sans la trouver. C'est qu'il est bien difficile, il faut en convenir, de réglementer une union qui ne repose que sur une attraction fugitive. On peut établir un devoir ; on ne peut commander les sensations.

Ainsi, par la suite, on obligea, ici, deux êtres, que le hasard associa, à rester toujours ensemble sous prétexte de monogamie indissoluble et ce fut parfois infernal. Là, on sacrifia tout, justice et liberté envers la femme, pour le plaisir de hommes, avec la polygamie et ce fut cruel et abominable. Partout ce fut mal.

Il fallait simplement chercher à réglementer les unions pour leur donner une unité, une force, dans la société ; mais il fallait leur laisser toutes facilités de se défaire pour atténuer la loi des hommes contredisant la nature. Du moins, en cette solution, semble résider la vérité.

C'est assez, en effet, d'enregistrer les mariages pour la dignité et la satisfaction des conjoints; c'est assez de marquer la filiation dans l'intérêt des enfants; ainsi la famille est bien assez déterminée. Mais vouloir des lois pour faire, par force, des unions heureuses, pour imposer la fidélité, c'est trop! Ce n'est pas la loi qui peut décréter les bons ménages, c'est l'affection.

Aussi, quand cette affection n'est pas, la désunion devrait être aussi facile que l'union. Pourquoi d'ailleurs mettre tant d'obstacles à cette désunion et initier tant de personnes étrangères dans des affaires absolument intimes? Ce ne peut-être, là, qu'à chacun à juger son cas.

Mais on le méconnut, ce principe qui aurait dû s'imposer partout; partout on s'en éloigna complètement et l'on eut tort. Nous l'avons dit, ni la monogamie indissoluble, ni la polygamie, quel que soit son genre, non plus la polyandrie, bien sûr, ne pouvaient être la bonne route.

Vous comprenez bien, n'est-ce pas, que je ne réclame pas le droit absolu à l'amour pour tous. Cette liberté d'amour n'était normale qu'avant la famille. Elle n'était plus acceptable déjà, dès qu'il y eut une reconnaissance de l'enfant de la part du père, à plus forte raison maintenant. Je n'entends pas du reste attaquer la famille, au contraire; puisqu'elle reste encore la base principale des sociétés. Mais je dis que les unions qui ne tiennent que par la loi sont très peu solides et que mieux vaudrait, par leurs débris, en fonder d'autres meilleures.

En tous cas, que l'on ne dise pas que laisser trop de liberté à l'amour, c'est aller contre la civilisation et revenir aux mœurs primitives. Il est facile de constater, au contraire, que c'est la civilisation, comprise comme elle l'est, la civilisation avec ses besoins de satisfaction, ses plaisirs à outrance, ses dissimulations, qui pousse à l'infidélité. Le cocuage est, en effet, bien plus fréquent dans les villes que dans les campagnes; c'est dans le grand monde, ce beau fruit de notre civilisation, qu'il y a le plus de libertinage.

*
* *

— Quant à la question des enfants qui, pour beaucoup, est la raison qui empêche d'admettre tant de facilités dans les désunions de conjoints, on peut soutenir qu'elle est généralement très mal envisagée.

Mais croyez-vous donc que les enfants ont une existence bien agréable et un exemple favorable avec des parents en discorde? Croyez-vous qu'ils ne pourraient pas jouir plus à l'aise, plus avantageusement même, de l'affection de leurs parents si ceux-ci étaient plus indépendants? Les enfants, n'en doutez pas, seraient beaucoup mieux avec des parents séparés, vivant dès lors en paix, qu'avec ces mêmes parents réunis et se querellant sans cesse. Il vaut mieux que les enfants soient comme sans parents, plutôt que de voir ceux-ci toujours en guerre; d'ailleurs pourra-t-on jamais décréter qu'il n'y aura plus d'orphelins?

Je parle ainsi pour les unions malheureuses, naturellement ; les bonnes se suffisent et ne réclament rien. Mais, quoi qu'il en soit du nombre de ces dernières, il faut reconnaître que les autres abondent sur terre. Or, pour le bonheur du plus grand nombre, la facilité de se désunir plus facilement s'impose.

Mais que, dans chaque pays, il y a à faire pour en arriver là ! Et que de difficultés à vaincre pour aboutir ! D'abord ce sont les lois à refaire, les coutumes à déraciner, puis, surtout, c'est l'esprit religieux, lequel trône partout sur les unions, qu'il faut dominer. Il n'y a guère à espérer. Encore, si, dans notre petit coin de terre qu'est la France, nous pouvions nous avancer dans ce progrès, nous servirions peut-être de modèle aux autres. Alors, que nos législateurs n'oublient pas qu'avec plus de largeur dans les lois de l'hyménée, tout y gagnerait : La facilité des mariages, la natalité, le calme des familles, le bonheur des enfants et même la fidélité.

III

Et la fillette ayant apporté de la bière comme à la première visite de Rozy, M. Jarcot se leva pour remplir les verres et offrir un cigare à son visiteur. Puis, s'étant remis dans son fauteuil, il reprit :

— Mais je me suis écarté de mon sujet en vous parlant de l'union des sexes. Je reviens aux hommes-premiers.

Donc ils circulent, ces hommes, et errent seuls dans la campagne, ne songeant qu'à leur nourriture, à leur satisfaction, et à la femelle qu'ils désirent rencontrer pour se procurer les jouissances de l'amour.

Toutefois chaque jour amène quelques progrès dans leur existence. Ce sont des cahutes qu'ils se construisent contre les rochers à l'abri des vents, sur les arbres ou sur les eaux pour se garer des bêtes, ce sont des peaux qu'ils se jettent sur les épaules, des nattes qu'ils tressent avec des herbes, pour trouver, avec elles, un meilleur repos ; ce sont, pour leurs repas, des vases qu'ils façonnent avec de la terre et qu'ils sèchent au soleil ; ce sont des outils, des armes, qu'ils confectionnent avec des pierres dures, du silex.

Pourtant, il arriva que, dans cette lutte isolée pour sa satisfaction, sa vie, l'homme éprouva bien des déboires. Aussi, grâce à son intellect, il songea à s'entendre avec son semblable. L'intérêt l'y poussa. Comme ils seraient plus forts à deux, à trois, à plusieurs, pour attrapper la chèvre courant sur les rochers, plus malins pour saisir le lapin à son terrier, plus sûrs de frapper l'oiseau les défiant d'en haut, plus adroits pour saisir des fruits trop élevés ! Alors les hommes s'unissent. Ils s'allient par calcul égoïste.

Après, on se partage le produit des efforts faits en commun ; on travaille et on récolte ensemble. Et c'est, avec cette union, cette association, le commencement de la société réelle.

L'union, du reste, était indispensable pour les hommes, s'ils voulaient rester les maîtres de la terre. Que seraient-ils, en effet, devenus sans cette union? Ils se fussent touvés, bien vite, anéantis, étouffés par les autres. Mais, aujourd'hui encore, alors que l'homme a pris fortement le dessus sur tous les êtres, qu'adviendrait-il s'il abandonnait cette puissance?

Dans la lutte de tous pour la vie l'homme isolé serait, trop faible, bientôt vaincu. Les bêtes, ses ennemis, pulluleraient ; les ronces, ses autres ennemis, gagneraient les champs. Et sous la poussée de ces autres êtres plus forts, plus prolifiques, ce serait vite fini de lui. Au contraire, l'union fait sa force. Et que ne ferait-elle pas encore mieux, cette union, si elle était plus sincère et plus puissante ? L'entente parfaite de tous ferait grand.

Bref, les hommes se sont groupés par petite quantité ; on pourrait presque dire qu'ils se sont réunis entre voisins, puisque chacun, déjà, a sa hutte et peut-être sa femme et ses enfants.

Ainsi, c'est la tribu qui est composée, l'élément des peuples et des nations.

Alors, chacun s'efforce de faire tout ce qu'il peut pour cette tribu, qui est une nouvelle famille, pensant, du reste, avoir sa part du produit général.

Puis, plus tard, l'intelligence aidant, on fit mieux encore, au moins en apparence ; on se répartit le travail qui doit contribuer au bonheur de la tribu. Chaque individu a son rôle, sa mission ; chacun son métier.

Ceux-ci chassent, ceux-là construisent des abris ; d'autres grattent le sol pour mieux faire venir quelques plantes ou s'efforcent de domestiquer quelques bêtes ; chacun fait, enfin, selon ses aptitudes, tandis que les femmes cherchent des fruits, soignent les enfants, traient les chèvres et préparent comme une espèce de repas.

C'est le communisme. Oh ! d'abord tout est charmant, presque aimable, dans cette vie qui semblait s'imposer, dans cette première réunion d'hommes. C'est la vie pastorale dans son beau, celle qui peut paraître encore comme la vie la plus vraie, la plus juste et la plus pratique, mais qui reste absolument fausse avec la nature des hommes et surtout avec le développement du progrès.

En effet, le communisme ne peut s'allier avec l'égoïsme qui est la base de la vie de tous les êtres. Il ne peut être que pour certaines bêtes spéciales que la nature a faites pour la vie d'ensemble ; il ne peut être pour les autres, encore moins pour l'homme qui a, par-dessus tout, son individualité, son « moi ».

Aussi, cet état d'association ne dura point. De cet état, du reste, on ne peut que rêver et il ne vécut relativement guère plus qu'un rêve. Et que serait-ce maintenant, si, pour un instant, nous y étions ramenés à nouveau ? Un affreux cauchemar dans un retour à la barbarie.

— C'est que le collectivisme, cette vie d'union profonde, où tous les hommes doivent vivre en amis sincères et dévoués, en frères, où le fort doit faire vivre le faible, les bons nourrir les méchants, cette vie toute d'abnégation et de sacrifice, est trop sublime, en réalité, pour l'homme qui est mauvais et surtout égoïste. On doit, ainsi, se contenter de moins pour lui et même comprendre que vouloir l'impossible, c'est courir après le néant. Chercher un progrès irréalisable, c'est la négation d'un développement réel ; c'est presque le recul.

Je sais bien que d'aucuns prétendent avoir, dans leurs têtes, le plan d'une vie collective possible ; ils disent, ceux-ci, qu'il y a à créer une organisation sociale toute différente de celle existante et qu'ils ont, comme idéal, une certaine cité future. Mais, ont-ils bien, tous ces rêveurs, pesé justement le cœur humain, ses passions, son mobile ? J'en doute absolument. Autrement ils ne parleraient pas ainsi.

Certes, je ne contredis pas que notre société ne soit mauvaise ; je suis le premier à le reconnaître, vous le savez. Pourtant je voudrais me la voir expliquer sérieusement, cette nouvelle cité future, reposant sur le collectivisme, pour y croire. Je veux des réformes, j'en demande beaucoup et de toutes sortes, puisque nous sommes si loin de la justice et de la vérité ; mais je repousse celles qui aboutissent à la collectivité. Elles sont l'erreur ; elles conduiraient au mal.

Ah ! on devrait bien l'exposer, cette fameuse idée de cité future. Ainsi, on lui amènerait peut-être des adeptes. Mais non ; on nous promet seulement des programmes d'avenir, des plans superbes, des terres d'or sous un ciel tempéré et des fruits savoureux venant tout seuls ; je veux dire, on nous promet tout le bien-être possible, chacun n'ayant qu'à jouir de la vie ; mais on ne nous parle pas des obstacles que l'on rencontrerait et, en somme, on ne nous montre rien qui puisse se réaliser, étant donné nos instincts mauvais et notre amour pour nous-mêmes. La cité future sera toujours expliquée demain ; sans doute quand il y aura plus d'accord entre ceux qui en rêvent. Alors nous avons, je le crois, fort longtemps à attendre.

En vérité, le collectivisme c'est l'utopie. On ne peut en rêver qu'en dehors de la raison, de la logique et de la nature elle-mêmes, cette grande force qui domine tout.

**

— Comment concevoir, en effet, un accord parfait possible entre une si grande masse d'hommes, quand, dans le moindre groupe, on retrouve déjà tant d'opinions diverses, quand, dans les familles, les ménages mêmes, on rencontre tant de discordes ?

Comment, du reste, imposer à chacun le sacrifice complet de son individu au profit des autres ? Comment diviser, d'une façon absolument égale et proportionnée, des travaux qui ne sont pas uniformes ? Comment régler une consommation qui ne peut être identique ? Comment compenser la différence des efforts faits ? Comment, enfin, associer des forces contraires pour des besoins différents sans qu'il y ait lutte et même anéantissement des dites forces ?

C'est assez pour les hommes, mauvais et égoïstes, de les vouloir associés sur certains points, s'aidant et unissant, çà et là, leurs efforts pour la collectivité; il ne faut pas leur demander l'abnégation complète d'eux-mêmes. On ne peut espérer d'eux des sacrifices et du dévouement constants; c'est au-dessus du « moi ». Les héros ne sont que l'exception.

Pour que le collectivisme fût possible, il faudrait l'égalité absolue des personnes, tant du côté de la force physique que du côté de la force morale; il faudrait que tous les hommes fussent capables de la même puissance de travail, aient les mêmes besoins, les mêmes pensées, la même volonté, ce qui n'est pas et ne peut pas être, la diversité étant, au contraire, absolue dans la nature. Alors, le collectivisme est non seulement moralement impossible, mais mathématiquement irréalisable.

Le collectivisme est du reste à la fois au-dessus

et au-dessous de l'Humanité. Il est au-dessous d'elle, parce que l'homme n'est pas comme une machine, n'est pas un être agissant seulement mécaniquement selon son instinct, comme les abeilles et les fourmis, par exemple, lesquelles restent, pour ainsi dire, rivées à un règlement naturel, parce que l'homme est plus haut et a sa volonté.

Il est au-dessus d'elles, parce que l'homme ne peut s'élever assez pour dominer le sentiment d'égoïsme que la nature a mis en lui, parce qu'il ne veut pas sacrifier son « moi » pour les autres. Dans son esprit il y a lui, rien que lui.

L'homme tient du reste, avant tout, et par-dessus tout, à sa liberté individuelle, véritable sentiment de sa nature première, et, avec le communisme, il cesse d'être libre; il est l'esclave de tous. Il se rabaisse au lieu de s'élever.

D'ailleurs, en se réunissant à d'autres, l'homme n'a pas entendu, — qu'on le sente bien, — faire abnégation de lui-même. Il n'a voulu, au contraire, qu'ajouter à sa force celle des autres ; ce qu'il ne pouvait faire seul, il le ferait avec l'aide de tous. En se groupant, l'homme a agi spécialement pour lui et non pour autrui ; il a pensé, soyez-en certain, plutôt recevoir que payer.

Certes, l'homme en société doit donner ; mais sa donation n'est qu'indirecte ; en travaillant pour tous, en produisant, il n'agit, en réalité, que pour lui, il trafique. Et il reste et demeure forcément avec son égoïsme.

D'ailleurs, l'homme animal ne songe qu'à son individu ; les autres lui importent peu. Qu'irait-il s'occuper d'eux ? Que lui importe même ce malade qui se meurt, ce vieillard qui n'en peut plus ? Est-ce que le loup donne un os à son congénère ? Est-ce qu'un chien va soigner son semblable malade ? Il ne le regarde même pas. L'homme nature va de même ; il ignore l'altruisme ; il ne connaît que son individualité.

※
※ ※

— Après tout ce que je vous ai déjà exprimé

de mes sentiments, vous comprenez bien que je ne veux pas soutenir que l'altruisme ne puisse pas être. Au contraire, je dis qu'il peut être pour le bonheur de tous, qu'il doit être pour la vérité ; je dis même qu'il est la première base d'une juste société bien organisée, que c'est avec lui seulement, que cette société peut être consolidée et bien assiégée ; je dis que c'est surtout par lui que l'homme doit s'élever, peut se grandir, être un homme vrai ; je dis que, sans lui, c'est son asservissement à la nature féroce et brutale.

De ce que l'altruisme n'est pas une loi naturelle, il ne s'ensuit pas, en effet, qu'il ne soit pas une loi absolue pour les hommes réunis en société ; il demeure même une conséquence de cette association ; si bien que la dite société doit le réglementer, cet altruisme, car il ne serait jamais assez grand, ni assez puissant, s'il n'émanait que de la conscience, encore trop peu développée pour combattre l'instinct du « moi », d'une manière effective.

Donc une société régulière et normale, doit

penser à ses membres. Elle a d'ailleurs son « moi » aussi, la société, et elle doit, par là, penser à elle, à tous. Ainsi l'homme malheureux peut prétendre recevoir légalement un secours de cette société et ce qui lui est donné n'est pas un cadeau, mais un dû. Notez bien que, par secours, je n'entends pas parler d'aumônes ; je veux dire : aide. L'aumône ne devrait même pas être, en ce sens que personne ne devrait être réduit à en recevoir.

Et si le collectivisme n'est pas pratique, et reste contre nature, ce n'est pas une raison pour que la société ne connaisse pas l'altruisme. Au contraire, l'altruisme peut être même plus justement et plus sérieusement établi et combiné en dehors de lui.

Un des meilleurs procédés pour exercer l'altruisme en dehors de ce que l'État doit faire, c'est l'association. Mais l'association, là, ne doit être que pour un but spécial, pour un fait et n'a aucun rapport avec le principe collectiviste. L'association, elle, laisse à tous le principe de son individualité qui est indispensable pour la liberté et la dignité de l'homme.

On peut s'associer, par exemple, pour un besoin de la vie, pour différents besoins même, et rester soi, ce qui est l'essentiel pour ne pas retomber dans les erreurs signalées du collectivisme. On s'associe pour le pain, on peut s'associer pour la viande, etc., et le bénéfice du marchand est, alors, pour chacun des associés à la répartition. C'est ainsi que sont nées les sociétés coopératives. Mais quelle différence avec le collectivisme! Avec la coopérative, on prend dans *son* magasin, au lieu de prendre chez le marchand; on gagne ce que le marchand gagnerait, et, ainsi, on s'aide; mais c'est tout; l'homme garde son individualité.

Un autre procédé pour exercer l'altruisme et en profiter, c'est le principe des mutuelles. Là, ce n'est plus de la marchandise que l'on trouve dans *son* magasin, c'est du secours qui est en réserve, du secours pour les jours trop difficiles, devant les accidents, les malheurs, et pour la vieillesse. Là, non plus, l'individualité de chacun n'est pas atteinte, elle reste absolue, en dehors de tout. Seul, le bienfait de l'association est réservé pour le bonheur de ses membres.

Et c'est dans ces méthodes-là qu'il faut surtout chercher pour développer l'altruisme ; c'est là qu'est le secours des uns pour les autres ; mais dans le collectivisme, jamais !

Et ce que les hommes ne peuvent réaliser par eux-mêmes, l'État doit le prendre en mains. C'est à l'État à compléter, à fixer même, ce que l'association ne peut faire. L'État doit, notamment, obvier à l'oubli des consciences et donner aux malheureux en demandant à ceux qui ont. L'impôt sur les richesses doit secourir la pauvreté ; le superflu des uns doit venir en aide aux misères des autres. Les dons aux malheureux, les retraites aux vieillards, doivent ajouter aux bienfaits des coopératives et des mutuelles.

Encore une fois les hommes peuvent et doivent s'aider mutuellement par une union bienfaisante pour lutter contre l'adversité et c'est par là, qu'ils peuvent le plus se grandir; mais ils ne doivent pas, pour cela, aliéner leur « moi », comme le veut le communiste, autrement ce serait tout perdre. Se méconnaître, s'est s'annihiler.

Au contraire, ce qui fait l'homme, c'est son indépendance, sa liberté; et ces sentiments-là ne peuvent être détruits sans tout compromettre. Son égoïsme aussi doit être sauvegardé; sans cela tout ce que l'on pourrait imaginer pour réunir les hommes ne serait pas stable.

En enlevant la base des organisations naturelles, on renverserait l'édifice des sociétés; ou mieux, en ne respectant pas le principe humain, on arrêterait tout. La nature limite certains progrès et n'autorise pas la réalisation de tous les rêves, même les plus beaux. La matière ne peut reposer sur une idée idéale; c'est l'idéal qui doit, au contraire, couronner la matière.

— N'insistons pas plus contre ce fameux système d'association qu'est le collectivisme ; nous l'avons vu, d'un coup, trop irréalisable pour en parler davantage.

Remarquons seulement encore que le collectivisme est ce même état, justement reconnu faux et blâmé, — même par les collectivistes, — qui préside à la vie des monastères.

Là-bas, au couvent, tous les membres de l'association semblent bien égaux, mais ne le sont plus. Sous une apparence égalitaire, il y a l'autorité la plus grande, la plus dure. Là-bas, encore, la communauté est riche soi-disant pour tous, mais chacun des religieux reste pauvre et sans aucun profit de cette richesse. Là-bas, au couvent, ce n'est qu'esclavage et misère ; chacun y reste sans volonté, sans puissance morale. C'est le néant de la vie, c'est la mort vivante. Est-ce donc cet état atrophié et misérable que l'on voudrait pour tous les hommes?

D'ailleurs comprenez-vous un monastère pouvant englober toute la terre, même seulement toute une nation? Je ne puis me le figurer. Mais la vie monacale, c'est, en plus, la paresse concentrée, la négation de tous progrès, l'extinction de toute émulation ; c'est l'homme diminué, anéanti ; c'est la vie mécanique, sans énergie et sans but qu'un au-delà impossible, qu'un irréel insensé, c'est la vie bête, la vie rosse.

Les grandes œuvres qui sortirent, au moyen-âge, des couvents ne sont ni l'effet, ni le produit de la collectivité ; elles sont le fruit de travaux personnels de certains esprits de valeur, auxquels le recueillement laissait toute leur force morale et inventive.

Cette manière de vivre en commun n'est du reste possible que pour quelques-uns, puisque, là, certains travaux pénibles, pourtant urgents dans une société, sont demandés au dehors. Le monastère ne vécut jamais par lui-même ; il fut toujours à la charge des peuples.

Donc, encore une fois, le collectivisme est non seulement comme un non-sens vis-à-vis de la nature, mais reste l'étouffement de toute vie normale et régulière, l'enserrement du progrès.

C'est surtout, répétons-le bien haut, l'anéantissement de la liberté individuelle et de la volonté, puissances qui, seules, élèvent l'homme.

Aussi, en admettant que, par une force irrégulière, le collectivisme puisse s'imposer, ce serait, avec lui, la pire des autocraties, tout comme elle est aux cloîtres et ce serait, comme là aussi, l'erreur triomphante. Le collectivisme serait, en plus, par cela même qu'il est contraire aux sentiments humains, une porte ouverte sur l'anarchie et, dès lors, l'état le plus funeste au progrès de l'Humanité.

Au reste nous allons voir ce qui arriva avec lui, par lui.

*
* *

— Il survint simplement que l'un des associés, moins fort ou plus paresseux, n'apporta jamais qu'un plus mince butin à l'œuvre générale et ce fut, alors, des jalousies et des reproches. Pourquoi aurait-il, celui-là, toujours autant que les autres, en partage, si toujours il apportait moins ?

Il survint encore que celui qui avait fait bonne chasse, désireux d'être le premier à tirer avantage de sa réussite ou de son adresse, dissimula son produit. Pourquoi ferait-il profiter les autres de son labeur à lui ?

Il survint, dès lors, que, la paresse et la fraude aidant, l'égoïsme dominant tout, il n'y eut, un jour, plus rien à partager. Et, pour si peu, le collectivisme s'effondra! Avec la disette, ce fut la discorde et, ainsi, ce fut la fin de cette collectivité première, si belle en apparence, si fausse en pratique et en réalité.

Bref, après l'effondrement du collectivisme, il y eut des dissensions dans les tribus et, devant le désarroi général, tous voulurent commander; personne ne voulut obéir. Ce fut l'anarchie. C'était fatal.

Mais que faire, alors, devant cette désorganisation complète? L'anarchie n'est cependant pas un état à retenir. Et l'homme ne pouvait cependant pas, non plus, revenir à sa vie première d'isolement, puisque, comme il l'avait senti d'abord, chacun a besoin de tous.

Alors, les hommes sont conduits naturellement à essayer d'un autre système d'association et vont aller du côté de la vérité; mais ils iront sans aucune garantie et ils seront entraînés, malgré eux, dans un état social aussi faux et aussi mauvais que le premier. Et, de celui-là, ils n'en pourront sortir que fort tard, après beaucoup de tiraillements et de misère, après bien des combats, bien des victimes, si jamais ils en sortent.

— Après l'anarchie, qui suivit le communisme, les hommes, sentant d'ailleurs leur impuissance dans l'isolement, finirent, on doit le croire, par écouter la voix de l'un d'eux et même, bien sûr, sollicitèrent ses conseils et sa direction.

Ils écoutèrent, sans doute, la voix de celui qui s'était montré le plus fort dans ses entreprises, le plus hardi, le plus adroit dans ses chasses, celui, enfin, qui leur parut supérieur et le plus au-dessus d'eux tous par la force, le courage et l'adresse, qualités qui les charmaient surtout.

Quoi qu'il en fût, les hommes durent, très certainement, se donner un chef pour unifier utilement l'action de tous. Et ce chef est bien d'abord ce que l'on attend de lui : il désire sans commander, il préfère sans s'imposer ; il dit seulement, comme tous, ce qu'il croit bien et bon ; les autres discutent ses propositions, même en font de nouvelles ; après on décide. Le chef fait seulement exécuter ce que tous ont décrété.

Ah! ce ne dut certes pas être de longs discours qui furent prononcés dans toutes ces discussions ; on n'en est pas encore aux temps des Parlements. Mais, avec des cris, des signes, quelques monosyllabes déjà inventés, on se comprend quand même, on délibère toujours et, qui sait? on vote peut-être. En tous cas on dut se rendre à la majorité ; c'est parfait !

Quoi de plus juste, en effet, de plus rationnel dans une société que cette soumission de la minorité devant le plus grand nombre, puisqu'il est impossible que tout le monde soit du même avis. Alors, cette fois, les hommes avaient bien trouvé la bonne voie. Malheureusement ces pauvres hommes n'avaient pas songé à tout et le désir de sortir de l'anarchie les avait empêchés de réfléchir plus. La bonne voie, suivie par eux, ne fut pas longue.

Après tout, pouvaient-ils tout prévoir? Ils ne pouvaient pressentir les suites de leurs décisions. Ainsi ils n'imaginèrent pas de suspecter le chef qu'ils s'étaient choisi. Cette naïveté n'a d'ailleurs rien d'étonnant pour leur intelligence naissante, puisque, de nos jours, les hommes l'ont encore. Et cette simple omission les perdit, perdit tout l'avenir.

IV

— Donc, les hommes, continua peu après M. Jarcot, en ayant fini avec le collectivisme, qui les avait conduits à l'anarchie, adoptèrent un système d'association simple, loyal et susceptible de progrès, lequel était comme l'embryon d'une République parlementaire. C'était bien.

Mais, pour que cela pût durer, il eût fallu que le chef fût toujours doué de qualités qu'il est rare de trouver chez l'homme; il eût fallu, chez ce chef, le désintéressement, l'amour de tous avant l'amour de lui-même. Ou bien, il eût fallu que les hommes prissent des mesures sévères pour se garantir contre l'égoïsme possible du chef.

Or, il arriva que les hommes, ne sachant pas, ne se prémunirent pas contre les volontés coupables de leur chef et que ce chef, — sinon le premier, du moins un qui suivit, — étant faible devant la tentation, oublia tous ses devoirs.

L'orgueil, l'intérêt, inspirèrent, un jour, celui qui avait été choisi comme guide ; c'était du reste très humain. Il songea, alors, ce guide, à dominer, à devenir maître des autres, au lieu d'en rester le camarade et l'ami, comme si c'était une gloire de s'imposer à ses semblables. Après, il n'y eut bientôt plus d'obstacles à ses désirs. Chez lui, les passions grandirent avec le pouvoir.

En somme. simplement parce qu'il avait été acclamé comme utile, le chef se croit indispensable et s'impose. Dès lors, il parle fort et l'on s'incline, il commande et il intimide ; il menace et l'on tremble. Quelle petite auréole pour lui et quelle servitude pour les autres ! Quoi qu'il en soit. tout est changé.

Maintenant, le chef n'est plus le guide préféré, c'est un maître ; un maître qui veut toujours la bonne part, un maître pour lequel il faut un gîte plus beau, les mets les meilleurs, des distinctions ; un maître qui prend les plus belles femmes, ordonne des corvées et réclame des honneurs. Tout pour lui.

Ah ! elles sont loin déjà, alors, les théories communistes ; ils se sont vite envolés, les principes de sacrifices mutuels et d'union générale dans une vie commune ; c'était trop beau, trop au-dessus de notre pauvre Humanité. Après, il n'y eut plus qu'une volonté et de la soumission, un maître et des esclaves. La fin du collectivisme fut le commencement du despotisme, l'un ayant enfanté l'autre par ordre régulier, normal.

Mais si la première organisation des hommes ne fut pas juste, la seconde, le despotisme, ne le fut pas davantage. On avait seulement touché à la vérité en passant d'un système à l'autre ; on ne s'y était pas arrêté ou si peu.

Toutefois, comme au contraire du premier ordre social qui reposait sur une justice et une bonté au-dessus des hommes, la nouvelle organisation, s'appuyant sur la force et l'effroi, résista longtemps, … si longtemps qu'elle dure encore et que, sans doute, de par la faute des hommes, elle durera toujours, sinon partout, du moins chez la plupart des peuples.

∗

— Continuons de suivre l'ordre des événements :

A côté du maître qui s'est imposé, il y a les hommes, qui, quoique n'ayant pas été choisis pour être le chef principal, se sentent cependant supérieurs à la masse et sont d'ailleurs plus ambitieux. Que vont-ils faire, ceux-là ?

S'ils n'ont pu être le grand maître, ils s'efforceront du moins d'accrocher un peu du pouvoir et de profiter le plus possible de celui qui est le chef. Ainsi le veut, du reste, l'égoïsme humain.

Beaucoup aspirent à être premier, au moins second, s'ils n'ont pu être premier, troisième quand ils n'ont pu être second, et ainsi de suite, jusqu'à ceux qui ne peuvent être que rien du tout et n'ont plus qu'à obéir à tous. Ils ont toutefois la consolation, ceux-là, d'être avec les philosophes, les modestes, qui n'ont rien demandé, qui font fi de l'ambition, tout en restant souvent les plus intellectuels.

Bref, d'aucuns s'associent à la fortune du premier et demeurent ses seconds, ses troisièmes et moins. Ils pensent, du reste, ceux-ci qui se trouvent en sous-ordre, à se dédommager amplement par le commandement de ceux qui sont au-dessous d'eux, en leur réclamant encore une obéissance plus grande que celle qu'ils doivent, eux, à ceux d'en haut. Et la hiérarchie des classes est formée.

Ainsi, le principe d'aristocratie est fondé sous la direction du roi. Je dis : « du roi », car cet élu de la veille est déjà bien sur un trône et les autres, qui vont suivre, ses successeurs, seront souvent encore plus despotes et plus tyrans.

Quant aux seconds et aux troisièmes, ils constitueront la base de la noblesse, des grands, cette partie de l'espèce humaine qui, dans tous les pays, sous tous les pouvoirs, s'arrogera tous les privilèges. Le reste formera la plèbe et les esclaves qui resteront les victimes.

Après, le despotisme s'accentue tous les jours et la noblesse s'impose davantage. Les grands accaparent tout, tandis que le pauvre peuple n'a qu'à travailler fort, s'il veut qu'il lui reste quelque chose. On n'ose même pas se plaindre, les peines inventées par les maîtres sont trop fortes.

Pourtant la vie, sous cette autocratie, s'écoule plus calme qu'avant, c'est-à-dire sans révolte. Il semble que c'est le bonheur pour tous ; mais, hélas ! ce bonheur n'est qu'apparent ; il n'existe pas. La vérité est qu'il n'y a plus, pour le plus grand nombre, qu'à obéir et à peiner et que c'est seulement par la force du despotisme que l'on a l'illusion de l'unité et de la concorde.

— Il va sans dire que le maître, le roi, s'intéressant spécialement à son enfant, ne manque pas de rendre son pouvoir héréditaire ; c'est si naturel de songer à sa descendance, qui, de fait, est encore soi-même. Heureux enfant ! qui, idiot peut-être, peut, sans avoir rien appris, rien fait, rien mérité, conquérir le droit de commander à tous, rien qu'en naissant.

Et le peuple l'admet, ce principe. Que dire d'ailleurs? Résister? Mais c'est peut-être se faire écraser par des chefs préparés à se défendre que de vouloir lutter contre cette nouvelle idée. C'est qu'il est à remarquer que, chez les peuples, tant le mobile des hommes est mauvais et faux, que, même parmi ceux qui ont à se plaindre, il s'en trouve pour combattre leurs frères d'infortune. Le pouvoir a toujours des sbires et des bourreaux pour frapper les plus justes révoltés. Après tout, que lui importe à la plèbe, que ce soit le fils ou un autre? Elle ne doit toujours recevoir qu'à peine sa pâture, quel que soit le maître.

Quant à la noblesse, elle ne fait pas seulement, elle, que de l'admettre, ce principe, elle l'appuie, le sanctionne, parce que, pour elle, c'est la continuation, sans interruption, sans craintes de bouleversements ou de représailles, de cette autorité qui lui garantit, plus sûrement, la suite de sa fortune et de ses jouissances.

Alors, tandis que le peuple se soumet forcément devant la force royale et son hérédité, la noblesse en acclame les principes qui perpétuent et consacrent ses privilèges. Et c'en est, ainsi, fait pour longtemps !

*
* *

— Le roi, — je veux dire toujours le principe royal, car il ne s'agit pas ici d'un certain roi, pas plus que d'un certain peuple, — le roi, dis-je, songea bien vite, pour se donner encore plus de prestige et d'autorité, à tirer parti des influences morales qui se firent sentir chez les hommes. La plus grande fut celle qui naquit de l'ignorance et de la peur.

Dans son égoïsme, l'homme, craignant toujours pour lui et ne connaissant rien de l'Univers, n'y comprenant rien, s'effraya, — nous l'avons déjà exprimé l'autre jour, — des moindres effets des Éléments et imagina que ces Éléments étaient émus par des êtres puissants;

ainsi il pensa, naturellement, que lui, homme, dépendait de ces êtres.

Il sentit, notamment, que le soleil était sa vie, que, sans lui, c'était la mort de tout, et, au lieu de le contempler seulement, ce merveilleux et resplendissant soleil, il l'implora. Il l'implora, comme il supplia les vents de ne pas souffler en tempête, comme il demanda aux nuages de ne pas l'inonder, mais de donner simplement une pluie bienfaisante, comme il sollicita la terre, les mers, tout enfin, de lui être favorables. Il alla, dans son erreur des choses, jusqu'à implorer les oignons pour que ce légume veuille bien pousser en abondance ; il les aimait tant.

Ce fut, ainsi, une adoration générale par intérêt, une soumission complète à des puissances occultes par crainte. Et l'homme, personnifiant les maîtres des Éléments, les fit à son image. Comment d'ailleurs aurait-il pu concevoir autrement tous ces Dieux ? N'ayant rien sous les yeux, en fait d'êtres, de plus beau que lui-même, se croyant du reste absolument remarquable et superbe, il ne pouvait avoir une idée supérieure et devait même avoir celle-là. Ce n'est que par conséquence, par déduction, qu'il porta, parfois, son adoration sur des bêtes ou sur des plantes.

L'homme, du reste, ne conçut pas seulement ses Dieux, se rapprochant de lui physiquement; il les vit aussi semblables à lui au moral, c'est-à-dire semblables par la volonté capricieuse, par le cœur mauvais, par l'amour de soi. Ce fut donc, alors, des Dieux jaloux, nuisibles, méchants, surtout égoïstes, qu'il inventa. Aussi quand il voudra obtenir quelque chose de ces Dieux imaginés, l'homme fera comme quand il veut obtenir une faveur d'un chef.

Alors, il s'humiliera, s'agenouillera même; il fera plus : il ajoutera des dons à ses prières et offrira des sacrifices sanglants, jugeant par sa nature propre, basse et cruelle, que l'humilité et le sang peuvent plaire à ses Dieux inventés. Tout cela, sans se rendre compte seulement que la prière est plutôt une injure à une volonté définie, arrêtée, immuable, comme devrait l'être celle d'un Dieu, et que les sacrifices sont plutôt un outrage à la justice et à la bonté.

Après, ce n'est plus seulement l'idée de divinité qui existe; c'est la religion qui est née. Et c'est de ce principe que vont se servir les chefs pour ajouter à leur force. C'est ce principe d'autorité divine et de soumission à cette autorité, que la royauté va exploiter pour sa puissance et sa conservation.

* * *

— Étant donné l'idée de divinité, qui en impose aux hommes et la religion qui la consacre, il n'y avait plus qu'à organiser cette puissance. Que manquait-il pour cela? Simplement des directeurs et des missionnaires. Il s'en trouva facilement.

D'aucuns, plus croyants ou plus rusés, viennent s'offrir, se disant inspirés, pour être les intermédiaires entre les Dieux et les hommes. Ce sont eux qui vont parler au nom de tous pour implorer les divinités. Ces hommes-là seront les prêtres.

Ils se vêtissent différemment que les autres, ils se coiffent d'une façon spéciale, ils mènent une vie à part ; ils faut bien se distinguer dans la foule. Et ils s'agenouillent, prient ; puis, pour se donner plus de prestige, pour laisser plus de force à leur doctrine, ces prêtres inventent des faits extraordinaires, racontent des choses étranges ; ils s'appuient sur le surnaturel et le mystère.

Ils disent qu'ils ont vu une figure, un être, descendre des cieux, que cette apparition a parlé, qu'ils ont entendu, que c'était un messager divin, presque un Dieu, peut-être le Dieu lui-même. Que ne disent-ils pas ? Chacun, du reste, dit à sa manière ; mais le principe reste le même avec tous les prêtres, en tous les lieux.

Ils disent et l'on croit ; et les peuples s'inclinent, prient avec les prêtres. On croit parce que l'on a peur et que l'on pense que les Éléments se laisseront fléchir et que l'on espère y trouver avantage. Toujours l'égoïsme !

Et les rois, les grands, pour confirmer le prestige des prêtres, les montrer dignes de leur haute mission, les installent dans des temples, les choient de leur mieux, leur reconnaissent une autorité spéciale, leur accordent comme une auréole.

C'est que les prêtres vont servir la royauté pour conduire les peuples plus ignorants. Quand les rois voudront quelque chose, les prêtres les soutiendront, prêcheront pour eux ; ils démontreront même que ce sont les Dieux qui le veulent ainsi. Et la plèbe, ignorante, craintive, obéira. Quelle force, pour les rois et les grands, que cette intervention céleste !

*
* *

— D'ailleurs les prêtres trouvent vite un système nouveau pour ajouter encore à leur influence ; ils inventent cette étonnante immortalité de l'âme, qui fut une véritable prodigieuse trouvaille pour eux.

C'est que l'homme, en se développant, en se

sentant très supérieur aux autres êtres de la nature, accepta vite cette idée de l'âme immortelle qui le grandissait encore et que cette doctrine nouvelle ne put qu'aider à le placer sous la puissance des prêtres.

En effet, avec l'immortalité de l'âme, il y eut, comme conséquence dans l'esprit de tous, forcément une vie future, vie qui dépendit, naturellement, selon les prêtres, de la conduite de l'homme dans sa vie terrestre. Et cette vie future resta, ainsi, tout entière dans la main de la religion enseignée. Dès lors ce sont eux, les prêtres, qui vont en décider pour tous, ce sont eux qui, devenus tout-puissants, vont, par leur intervention, faire que les hommes soient, après leur mort, jugés favorablement ou non, par les Dieux.

C'est ainsi que l'on apprend aux peuples que l'on ne sera heureux dans l'autre vie, qui devait durer toujours, que si l'on a été très bon et très sage sur cette terre, c'est-à-dire si l'on a bien obéi à son seigneur, beaucoup donné à son prêtre. Puis, pour mieux soutenir encore les grands et apaiser le malheureux peuple qui pouvait songer à se révolter à cause de tous les abus et de l'oppression dont il avait à souffrir, on prêcha que les richesses de ce monde ne sont rien, étant donné la vie si courte sur terre, et que le bonheur de l'autre vie, éternelle celle-là, est tout : Donnez, obéissez, souffrez, braves gens que vous êtes, tout cela n'est rien, dirent les prêtres ; il vous reste l'espérance du ciel ; c'est assez !

Ah ! quelle force les prêtres avaient trouvée avec cette idée de l'immortalité ! Que de puissance, pour eux, avec cette pensée de vie future ! Quelle finesse de leur part et même quelle astuce ! Aussi pourquoi les hommes si naïfs voulurent-ils se croire immortels et presque d'essence divine ? Pauvres hommes ! ils payèrent bien cher prétentions et illusions.

⁎

— Pourtant, il faut le reconnaître, cette croyance inculquée aux hommes eut un bon côté, puisqu'elle aida fortement à son premier développement moral et à son élévation.

Complètement séparé des bêtes par la croyance en son âme immortelle, l'homme éprouva, en effet, vis-à-vis de lui-même, le besoin de s'élever davantage. Alors, sa pensée devint supérieure; elle conçut comme un idéal.

Ah! il ne fut pas d'abord bien compliqué cet idéal, ni très haut; mais ce fut un début. Cet idéal fut simplement son « moi » un peu meilleur pour être digne de cette vie future si heureuse et si douce qu'on lui faisait entrevoir. Ce fut du moins, pour lui, le point de départ de la distinction du bien et du mal, du sentiment de la conscience.

Mais qu'il eût mieux valu que cette conscience ne reposât pas d'abord sur une erreur; qu'elle eût été mieux assise si elle eut été basée sur la vérité, qui, dans cet ordre d'idées, était la justice et la fraternité!

Aussi a-t-on le droit de s'étonner devant le mode de civilisation que nous, plus clairvoyants, nous employons encore aujourd'hui, surtout que nous avons un gouvernement laïque. Est-il rationnel, disons-le hautement ici, d'aller chez des peuples neufs pour leur apprendre qu'ils ont une âme immortelle, quand ils n'ont rien de cette trop belle conception ? Est-il nécessaire, pour leur développement moral, de leur apprendre ce que, l'avenir aidant, ils sauront être faux ?

Pourquoi ce passage menteur entre l'ignorance qu'ils ont et la vérité qui leur apparaîtra un jour ? Est-il juste et normal ? Je ne le pense point. Il me semble qu'il serait plus logique, plus rationnel, de porter d'un coup chez ces hommes toute la vérité, plutôt que de les endoctriner avec des histoires religieuses qui ne reposent que sur la fable.

Ils comprendraient aussi bien, — et même mieux sans doute, — ces peuples primitifs, la force de la justice, de la fraternité, de la conscience réelle enfin, que celle d'un Dieu imaginaire. Alors pourquoi s'efforcer de leur faire croire à une âme et de les initier à des mystères insensés ? Pourquoi donc la libre-pensée ne façonne-t-elle pas, comme des prêtres, pour répandre ses idées et n'a-t-elle pas aussi des missionnaires ? Il y a pourtant, en dehors des religions, de belles idées de solidarité, de justice et d'amour à répandre parmi les hommes.

* * *

— Aussi, les hommes primitifs, s'ils l'entendirent parfois, cette conscience mal guidée, ils l'écoutèrent fort peu. Les prêtres avaient au reste mieux à faire que d'aider à développer ce petit élan naissant vers le bien ; ils avaient à récolter.

Certes, l'idée des récompenses et des peines futures pouvait avoir son bon côté et les philosophes du temps purent l'accepter avec empressement ; mais aussi combien perdit-elle de sa valeur dans l'application qui en fut faite pour le trafic des prêtres et la domination des grands. Le beau de l'idée, l'idéal, fut vite oublié pour le gain et le despotisme.

Bref, la situation devint facile et belle pour les représentants de la religion, pour les prêtres. D'abord ils sont choyés par les grands qu'ils soutiennent ; ensuite il y a, pour eux, un bénéfice palpable. Ils demandent pour honorer les Dieux et profitent des offrandes ; ils demandent encore pour bien disposer les Dieux et récoltent toujours. De plus, leurs rapports supposés avec le ciel leur donnent une force morale immense ; ils atteignent même, ainsi, une puissance plus grande que celle que la royauté voulait leur concéder ; si bien que cette royauté réfléchit et se demanda si elle n'avait pas trop soutenu cet élan des faiseurs de religions.

— Donc, ainsi, deux pouvoirs existent, dès lors, en réalité : celui des grands, celui des prêtres. Il y a une puissance terrestre, il y a une puissance céleste ; il y a la royauté, il y a la divinité ; deux forces, l'une à côté de l'autre, contre le faible, le peuple.

Mais, qui dit pouvoirs différents, dit aussi lutte possible entre eux; l'un voulant généralement dominer l'autre pour avoir le pouvoir absolu ; au moins c'est presque dans l'ordre des choses, c'est-à-dire la conséquence des sentiments humains, enfantant les passions des partis et le désir de suprématie.

Alors que vont-elles faire, ces deux forces en présence ? Vont-elles combattre, l'une cherchant à écraser l'autre pour dominer seule ? Vont-elles s'entendre pour gouverner les hommes, disons mieux, pour les manier plus à leur guise ?

L'histoire nous montre bien partout maintes luttes entre ces deux forces, qui, dans leur orgueil, veulent, l'une et l'autre, rester maîtresses du peuple et récolter, du même coup, les bienfaits matériels et moraux de cette domination. Ici, la royauté veut assujettir l'Église, soit la religion quelle qu'elle fût, la conduire selon ses désirs et ses besoins ; là, au contraire, c'est l'Église qui réclame toute l'autorité, sous prétexte qu'elle tient sa puissance d'une idée plus élevée et qu'elle émane d'un principe divin.

En fin de compte, ces deux forces sentirent que le mieux, pour elles, était encore l'union et, généralement, sinon toujours, elles se soutinrent réciproquement ; parfois même elles s'unirent jusqu'à ne faire qu'un seul et même pouvoir, comme là, par exemple, où le chef de l'État est aussi le maître de l'Église.

En somme, on peut dire que les deux pouvoirs, Royauté et Église, comprirent qu'ils avaient le même but : dominer et exploiter les hommes. Ainsi tous deux devinrent et restèrent amis. L'accord parfait du trône et de l'autel fut à jamais consacré.

Et voyez comme tout se suit, se succède et s'enchaîne dans la vie, dans l'évolution de l'Humanité.

V

Alors Rozy interrompit M. Jarcot; il lui dit :

— Je me plais à vous entendre, monsieur ; aussi je ne puis que regretter que vous passiez si vite sur notre histoire. Nous voici, dans votre récit, tout d'un coup à notre époque, au moins au début des temps connus.

— Mais je ne songe pas à vous faire de l'histoire, reprit le philosophe, pas plus que je ne vous ai fait de la géologie, de la zoologie, de la biologie ou autres sciences, et je ne vais pas trop vite. Nous causons seulement et je ne vous fais pas un cours savant.

Je ne veux jeter, ici, avec vous, ainsi que je vous l'ai annoncé en commençant notre entretien, qu'une vue d'ensemble sur ce qui touche à l'Humanité. Aujourd'hui nous voyons la direction de l'association humaine, ses principes, ses suites, comme l'autre jour nous avons dit les différentes phases de la matière d'où la vie est sortie.

Au reste, en vous exposant la marche de l'Humanité dans le courant des siècles, je n'ai pas eu la pensée, bien sûr, de vous émettre une thèse absolue, ni de vous dire l'histoire positive des hommes.

D'abord on ne peut faire, sur certains points, que des conjectures ; puis, il est évident que les choses ne se sont pas passées partout de la même manière. On n'est pas arrivé à ce que l'on appelle la civilisation, en passant toujours par les mêmes chemins. Ces chemins furent même très dissemblables.

La diversité fut grande sur ce sujet, comme elle le fut partout en ce monde. Ici, ce fut d'une manière ; là, ce fut d'une autre, selon les circonstances. Ce fut aussi différent selon les hommes et les climats. Autant de tribus, autant de développements spéciaux ; autant de nations, issues de ces tribus, autant de coutumes diverses et de lois distinctes. Les transformations des peuples sont pour ainsi dire infinies.

Et je ne veux, je le répète, vous montrer, vous dire, qu'une suite possible, probable, de la vie des hommes, que vous faire une synthèse de l'Humanité.

*
* *

— D'autre part, la rapidité de mon récit importe peu. Au point de vue où nous envisageons les choses, il nous est indifférent que l'homme soit resté un siècle, ou plusieurs, à l'état de bête, qu'il soit resté longtemps isolé ou qu'il ait songé bientôt à se réunir à ses semblables.

Comme il nous est aussi indifférent, du reste, que la raison des discordes dans la société collective fût une chasse mal partagée, un gibier dissimulé ou quelques femmes plus recherchées. Il importait seulement de constater que cette dissension entre les hommes, avec le communisme, devait être et qu'elle fut.

En somme, il nous suffisait de tracer une succession présumée, logique, des événements qui ont dû marquer l'histoire de l'homme au début, pour arriver au moment où l'on retrouve déjà un commencement de cette fameuse civilisation.

D'ailleurs, je n'ai pas été si vite que vous le pensez, croyez-le bien. Après la réunion des hommes en tribus, la royauté dut très rapidement succéder au communisme faux et impossible ; la religion dut aussi s'implanter bien vite dans l'esprit des hommes devant la crainte des Éléments. Et tout cela dut, certainement, se développer en même temps, et comme parallèlement, avec l'idée de l'immortalité.

Quant au principe de l'union du trône et de l'autel que j'ai noté, croyez qu'il date de loin ; sans doute du premier roi, sous lequel fut le premier prêtre.

.·.

— Je reviens, du reste, en arrière Donc l'homme est né de la terre ; d'abord il ressemble à un singe et vit isolément ; puis, grâce à son intellect, il se perfectionne et s'associe à ses semblables.

Avec le temps, l'homme-bête, ou mieux la bête-homme, se transforme, se nettoie pour ainsi dire et la bête disparaît en partie, l'homme reste. Malheureusement, le nettoyage en question ne fut complet ni au physique ni au moral; si bien qu'aujourd'hui encore, l'homme se ressent toujours, malgré tout, de sa nature bestiale en dépit des corps et des esprits les plus fins. Voyez plutôt ces poils que nous gardons, reste de la bête première; sentez cette odeur de sauvage qui se respire dans les plus sélectes réceptions et que ne couvrent point les plus exquis parfums. Voyez ces instincts grossiers qui triomphent encore partout en l'homme, ces goûts pervers, ces mobiles bas, vulgaires et féroces, qui demeurent en son cœur. Et l'homme portera, gardera, sans doute toujours, en lui, sur lui, les marques de son origine.

Bref, les hommes encore isolés se rencontrèrent souvent dans leurs courses aventureuses et, ainsi, leur vie ne dut pas s'écouler longtemps dans le calme. Ici, il y eut des haines de chasse, celui-ci ayant pu saisir ce que l'autre avait convoité ; là, il y eut des jalousies d'union.

A peine nés, les hommes durent se battre souvent entre eux pour une proie, comme les bêtes, et, comme les bêtes aussi, lutter pour l'amour. Notons du reste que, chez nous, la vérité concorde ici avec la fable, parce que les peuples, dont nous sortons, l'ont vite comprise, cette pénible vérité qui montre la cruauté des hommes. C'est Caïn qui, dans l'imagination de nos premiers conteurs, tue son frère Abel qu'il jalouse.

Ce ne fut d'abord, il est vrai, que de petits combats entre deux individus et ce n'était, peut-être, que ces combats singuliers qui fussent naturels, comme ils restent rationnels, hélas ! pour tous les êtres qui ont à lutter pour la vie.

Mais après ? L'intellect des hommes se développant, leurs associations se produisant, le « moi » de ces associations se révélant, il en résulta des combats plus sérieux ; il survint des batailles entre des masses d'hommes. Aux combats privés succédèrent les luttes entre tribus et, plus tard, la guerre entre nations.

Plus on se civilisa, et plus on inventa des armes terribles et plus on perfectionna les moyens de combats. Si bien que, par un rapport insensé, ce fut avec la civilisation que les batailles augmentèrent d'intensité et d'horreur. La civilisation, — oh! quelle civilisation! — amena la sauvagerie plus intense.

Puis, comme si ce n'était pas assez de ces luttes, pour le mal des individus et des peuples, l'homme inventa encore des tortures. Et il en usa, il en use encore de ces affreux supplices; il fait même plus, il les savoure. C'est à ne pas croire tant c'est horrible.

Pourtant cela est. Les bêtes, elles, ne tuent au moins que pour se défendre, se nourrir; l'homme, lui, gardant sa nature bestiale, y ajoutant par son intellect, en arriva à être plus féroce que la bête.

Si les premières luttes entre les hommes vinrent seulement pour la conquête d'une proie ou un succès d'amour; si, par la suite, elles vinrent, encore et surtout, pour la richesse des uns et la domination des autres, elles furent aussi pour la satisfaction des lutteurs. La brute reprend parfois, et souvent même, ses droits sur l'homme.

***

— Et, de ces brutes, il y en eut dans les temps premiers; il y en a encore maintenant; il y en aura sans doute toujours. On en retrouve, du reste, non seulement chez les hommes qui se rapprochent le plus de l'état primitif, on en retrouve même au sein de la civilisation relativement avancée; on en trouve surtout dans les palais où règne le despotisme. Que d'horreurs se sont passées sous la puissance des maîtres sans contrôle! Que de crimes avec ces natures exécrables! Que de guerres suscitées pour leur satisfaction! C'est monstrueux!!

Ah! si on pouvait compter tous les cadavres qu'ont faits les guerres, montrer toutes les victimes des crimes commis pour le succès des uns, savoir toutes les misères qui furent supportées pour d'autres, on resterait terrifié. Les cris des malheureux réunis seraient effrayants, les tués feraient des montagnes.

Et des peuples immenses souffrent encore affreusement, d'autres même agonisent. En certains points les uns égorgent, fusillent, les autres. Les cadavres s'accumulent pour dompter le reste des vivants.

On en arrive même à se demander comment on persiste à procréer, là-bas où la souffrance ne tarit pas, où la mort n'est qu'une délivrance et où le nihilisme est, plus que partout, la vérité. Quelle tristesse !

* *

— Aussi, c'est devant ce vilain côté de la vie, devant les crimes commis, devant la tuerie des hommes que l'on en arrive à déplorer encore plus notre misérable nature.

Ce n'était donc pas assez que l'existence d'une espèce soit seulement par la mort cruelle d'une autre ? Fallait-il donc que les hommes en arrivent aux luttes fraticides, que l'être le plus élevé de la terre en reste toujours à des mœurs si cruelles et si sauvages ?

Il y a grand progrès chez les peuples civilisés, me direz-vous ? soit ! Mais cet adoucissement de nos cœurs est-il en rapport avec les siècles écoulés et d'ailleurs date-t-il de si loin ? Les souvenirs des misères passées ne sont pas effacés ; on demeure toujours ému en pensant aux atrocités du moyen âge ; les excès des révolutions et contre-révolutions sont encore fixés dans nos cœurs et les grandes guerres odieuses ne sont pas si lointaines ; ... elles sont même, hélas ! peut-être prochaines.

Voyez du reste où nous en sommes encore, nous autres peuples qui tenons la tête de la civilisation, et vous gémirez devant tout le bien que nous avons encore à conquérir, devant le peu de progrès accompli. Que de sauvagerie encore chez-nous tous, même chez les plus raffinés, alors que le cœur s'oublie et que la nature reprend le dessus !

Songez seulement aux luttes idiotes des athlètes qui entraînent la foule, aux courses de taureaux, aux combats de bêtes qui passionnent tout un monde ; voyez les foules furieuses et démontées, les vampires qui se trouvent dans les tourmentes, les cannibales qui se révèlent quand il faut lutter pour la vie.

Pensez aux duels insensés, puisqu'ils ne prouvent rien, à l'attrait scandaleux du spectacle de la guillotine, aux massacres qu'ordonnent certains autocrates. Rappelez-vous les excès de colonisateurs commis, — ô ironie des faits ! — au nom de la civilisation. N'oubliez pas la cruauté des hommes envers les bêtes et la vivisection inutile et horrible. Notez même ces plaisirs dits inoffensifs du tir au pigeon, de la chasse et de la pêche où la plus grande jouissance est celle de tuer un pauvre animal timide, craintif, bon et sans défense, même d'en tuer beaucoup, de faire comme une boucherie. Et vous reconnaîtrez que les hommes aiment encore le sang. La réclame l'a compris du reste ; c'est par des scènes rouges qu'elle tente de s'attirer des lecteurs.

D'ailleurs que comptent-ils donc les pays dits civilisés à côté du reste du monde encore tout primitif et plein de barbarie ? Ah ! si vous saviez les mœurs, les coutumes, les lois, de certains pays, qui font masse sur terre, vous resteriez effrayé du peu de justice et de vérité, du peu de bonté, qui demeure toujours en notre pauvre Humanité.

*
* *

— Mais le plus terrible de nos maux fut l'ignoble et horrible guerre. Sous prétexte de justes raisons, mais, en réalité, pour vol de territoire, pour la gloire, la puissance ou le caprice des chefs, pour pillage, on se battit sans cesse.

Aujourd'hui encore, sous les auspices de la civilisation et de la justice, ce sont des luttes terribles, colossales, dans lesquels le pauvre soldat ne sait même pas, le malheureux ! pourquoi il se bat. Il sait seulement qu'il y en a qui tireront profit et gloire de sa lutte, tandis que lui aura la mort. Pauvre petit soldat !

Comme s'il ne devrait pas y avoir quelques cours d'arbitrages réelles et efficaces, — je dis réelles et efficaces, — pour juger tous les différends entre pays ? Est-ce que les individus en viennent toujours aux mains, à se tuer, pour une querelle quelconque ? Cela arrive ; soit ! mais combien est-ce rare et reste l'œuvre de gens plutôt déséquilibrés, au moins rustiques ou trop emportés. Il est vrai qu'il y a les duels pour les gens distingués, mais ces duels-là, généralement peu terribles, ne sont guère que pour la galerie. En tous cas, ces luttes n'ont d'effet qu'entre les hommes ayant une querelle à régler, quand, dans les guerres, ceux qui se disputent restent toujours à l'abri des coups.

Alors, est-ce que les nations ne devraient pas faire comme les individus ? D'ailleurs est-ce que les meilleurs fusils prouvent la vérité ? Est-ce le nombre des combattants qui fait la justice ? La force ne fit jamais le droit et la raison.

※ ※

— Il y a pourtant une lutte juste et sacrée, celle de la défense des siens, de sa personne, de son pays. Si l'individu a son « moi », si la famille a aussi le sien, chaque nation est une, elle aussi. La famille a fait la tribu; les tribus ont fait les nations; la nation, c'est la grande famille, fraction de l'Humanité, elle est une.

Alors pourquoi chaque nation se laisserait-elle accaparer ou enchaîner par d'autres, par des conquérants, des barbares, qui ne sont pas encore à la hauteur des principes de paix? Comme les autres, elle a, au moins, le même droit à la vie.

Au reste, les peuples, comme les hommes, ont bien droit à la légitime défense, Or, en se défendant contre un peuple sauvage, — le sauvage c'est celui qui attaque. — une nation défend son « moi » et tous ses enfants doivent concourir à la lutte.

On doit même alors d'autant mieux combattre courageusement, qu'en pareil cas, il n'y a pas seulement à défendre le pays, son bien, sa famille, sa vie, mais, encore, à faire triompher le progrès qu'arrêterait la sauvagerie du vainqueur. C'est que, pour s'imposer davantage, le vainqueur, lui, ne saurait que supprimer toute liberté.

Je ne veux pas, ici, discuter les idées de certains hommes sans patrie, qui pensent du reste plutôt, sans doute, à se faire une réclame criminelle qu'à soutenir une thèse juste; mais une chose en amène une autre; disons notre mot sur ce point.

Il est beau d'être pour l'Humanité sans frontière et je m'honore d'être de ceux-là; mais son pays vaut cependant bien quelque chose. Il vaut surtout quand il est une des têtes de cette grande Humanité.

Il est donc faux, absolument faux, sous prétexte d'internationalité, de se laisser anéantir. Notre défaite, par exemple, serait l'étouffement du progrès et notre progrès n'est pas seulement notre vie; c'est la vie de tous. Nous, allant par force en arrière, c'est le recul de toute la civilisation. Les conquêtes ne sont pas seulement contre les vaincus, elles sont aussi contre les vainqueurs; elles sont contre l'Humanité.

En résumé, il faut vouloir la paix; mais se défendre contre qui attaque, c'est non seulement du patriotisme, c'est de la justice; c'est plus: c'est lutter pour la liberté et l'avancement des hommes.

VI

Un instant pour se reposer un peu, mouiller ses lèvres d'un peu de bière et M. Jarcot continua :

— Nous avons vu l'homme se former et apparaître sur la terre, nous l'avons vu vivant isolé, puis s'associant à ses semblables. Nous l'avons vu se constituer en tribus et nous avons dit combien étaient nombreux les chemins qu'il suivit dans son développement si aride et si difficile. Nous avons vu les tribus former les nations et celles-ci être asservies par le despotisme et la religion. Nous avons vu les hommes, les peuples, lutter les uns contre les autres. Et nous avons senti la peine que l'homme rencontra pour sa vie, le mal qu'il trouva avec cet état continu de guerre et d'oppression, si bien que nous pouvons dire qu'avec les famines, les épidémies, les cataclysmes, qui survinrent et les misères inhérentes à l'existence, il n'y eut pas de temps heureux. Y en aura-t-il jamais ? Verra-t-on, une fois, arriver cet âge d'or tant rêvé ?

Quoi qu'il en fût, les hommes se développèrent et le progrès, dans leur avancement, resta, malgré les divers chemins parcourus, presque le même partout; je veux dire : En passant par les mêmes phases. Voyons-les :

Après l'état bestial, c'est l'âge de pierre. C'est le temps où la mode était de porter des peaux de bêtes encore non tannées et des tissus grossiers faits de plantes textiles. Puis, c'est l'heure du feu et des aliments cuits. Quel progrès déjà !

Enfin, après des temps bien longs, c'est l'âge de fer et l'âge de bronze qui, déjà, dénotent d'un certain savoir et présagent un plus bel avenir. Avec eux, en effet, ce n'est déjà plus la vie première si rustique, ce n'est plus ce semblant d'art que l'on retrouve aux temps les plus reculés connus, c'est le commencement d'une vie plus fine et le début de l'art vrai.

Et ce n'est plus seulement certaines conceptions qu'eurent les premiers hommes pour arriver à s'abriter, se nourrir et se défendre; c'est la science réelle qui débute. Pour faire du bronze, il faut déjà avoir découvert le minerai, savoir fondre, forger, faire des moules et cela est déjà fort compliqué devant le néant du savoir qui fut d'abord.

D'autre part, ce ne sont plus seulement, alors, les quelques syllabes qui se substituèrent aux cris rauques des premiers temps; ce sont des mots, qui s'ajoutent aux mots, des phrases qui se composent, les langues qui se créent. Après l'âge de bronze, l'homme s'avance plus rapidement sur la grande route du progrès qu'il lui est permis de parcourir.

Et, tandis que les peuples se développent et progressent, les batailles continuent quand même. Et les peuples se mélangent, se confondent; et des peuples nouveaux naissent, amoindris sans doute par les luttes précédentes, mais profitant du moins, de la science des autres.

Si bien que la civilisation marche un peu toujours, en dépit de l'oppression et des guerres; elle n'est pas pourtant ce qu'elle devrait être, car, pour façonner l'homme, le policer, l'élever, il n'y a que la paix et la liberté.

*

— Toutefois si, du choc des nations, naissent d'autres peuples, d'autres idées et d'autres mœurs, les principes restent les mêmes. L'autocratie règne toujours en maîtresse. Les religions, aussi, s'imposent toujours et ces deux forces restent unies pour gouverner les hommes.

Tellement unies que les Dieux tout-puissants obéissent aux maîtres des peuples. Ceux-ci, les maîtres, s'en servent pour dominer leurs sujets et chacun d'eux les fait parler à sa manière. C'est ainsi que le Dieu des armées est requis par les conquérants ennemis. Pauvre Dieu ! A qui donner raison? Lequel entendre? Qu'il eût été souvent embarrassé s'il existait.

Mais n'insistons pas sur ce point si pénible

aux Dieux et suivons notre récit. Donc les peuples se mêlent, se lèguent leurs idées, se transforment, progressent, mais le même principe, celui qui les mène, subsiste toujours. Seulement les noms changent selon les lieux et les usages, selon aussi les besoins de la cause. Les rois deviennent des sultans, des pachas, des empereurs, des tzars ; que sais-je encore ? mais ce sont toujours des despotes sinon des tyrans. Avec eux, c'est toujours l'esclavage. Partout c'est la même chose.

Les Dieux aussi changent de noms selon les sermons des prophètes ou le chant des poètes ; ils changent même de forme. Ils se transfigurent. Mais la même conception persiste ; ce sont toujours des êtres puissants qui punissent si on ne fait pas ce qu'ils désirent, qui protègent d'autant mieux qu'on leur donne davantage. Derrière eux, il y a toujours les prêtres pour commander et recevoir en leur nom.

Aussi, quoi qu'il en soit de ces transformations, l'autocratie reste avec son entourage exploiteur et la religion demeure toujours trompeuse sous tous les Dieux. Elle reste la même toujours, cachant à peine son origine païenne, quand, plus tard, pour paraître plus élevée, elle secoue, çà et là, le paganisme en ne reconnaissant plus qu'un Dieu. Vous le savez, aujourd'hui encore, malgré les siècles, nos fêtes religieuses sont presque les mêmes et au même jour que celles d'antan. Ce ne fut qu'une métamorphose.

.'.

— Pourtant nous devons aussi constater qu'il y eut de grands et beaux gestes et que leur impulsion généreuse fut décisive pour l'avenir de certains peuples. Les héros furent nombreux, des sages se révélèrent au milieu des mauvais ; des géants moraux planèrent au-dessus de tout, des génies donnèrent des idées fécondes. Il y eut des actes admirables, des productions superbes, des pensées sublimes. Il y eut des efforts puissants faits vers le bien.

On vit notamment des rois aimer leurs sujets ;

il y eut des hommes qui travaillèrent sans cesse pour le bien des peuples ; on entendit des prophètes prêcher sans cesse la justice et la bonté.

Malheureusement, au-dessus d'eux tous, le principe de l'autorité subsistait et restait plus fort qu'eux. Leurs bonnes intentions furent en partie déjouées. Le mal ne fut qu'atténué ou seulement suspendu ; le bien ne fit que se montrer. De mauvais rois défirent l'œuvre des bons et les exploiteurs de religions surent tourner, à leur profit, les idées naissantes de vérité.

Approfondissez plutôt, à titre d'enseignement, ce qui fut dans notre histoire particulière. Citons la doctrine de Jésus : C'est bien pour les malheureux qu'il parle, Jésus ; c'est bien pour les pauvres qu'il se lève ; c'est bien pour les victimes, les humbles, qu'il combat. Il est contre les despotes, contre tous ceux qui vivent de l'exploitation des autres ; il est enfin, lui, pour le triomphe de la paix, pour la grandeur des hommes par la fraternité, pour l'amour de l'Humanité.

Mais que sont-elles devenues ces doctrines ? L'opposé de ce qu'il voulait qu'elles fussent. Sa religion des déshérités devint l'aide des grands ; ce soutien des faibles devint l'arme des forts. Sa pensée, toute de dévouement et de justice, devint l'œuvre de l'exploitation et de la haine. Quelle adresse et quel cynisme de la part des transformateurs de religions !

Et ce fut ainsi pour Mohamed après, pour Confucius avant ; aujourd'hui, comme hier, la religion reste le bras du pouvoir, l'arrêt de tout progrès, quand elle devrait, semble-t-il, demeurer comme la voie de l'idéal.

Voyez, d'autre part, comme l'œuvre des révolutions, des poussées des peuples vers la liberté, est souvent perdue, au moins diminuée. Même après notre grande victoire sur les temps anciens il y eut un sérieux et profond mouvement de recul. Et, s'il y eut pourtant, ensuite, un nouvel élan vers les idées d'émancipation, il y eut, aussi encore, de nouveaux temps d'arrêt. Aujourd'hui, après plus d'un siècle de combat, le vieux monde vaincu cherche toujours à se relever.

Oui, il voudrait encore se relever, ce vieux monde, qui ne repose pourtant que sur un droit de naissance, c'est-à-dire sur la faveur, l'injustice et, faible par lui-même, il ne compte que sur la faute des autres, emballement ou naïveté, pour le faire.

Serait-ce donc que le mal resterait comme une fatalité et que l'œuvre de la civilisation demeurerait, par une loi supérieure, définie et limitée?

**

— Quels que soient pourtant les mouvements de progrès et de recul chez les peuples et les luttes des peuples entre eux, certains marchent rapidement et avancent dans les sciences, les lettres et les arts, tandis que d'autres restent absolument stationnaires. Les hommes progressent surtout où il y a plus d'indépendance.

La civilisation dépend aussi des climats, des régions, des gouvernants et du hasard sans doute, mais surtout des hommes. C'est qu'ici il naît des intelligences spéciales, des êtres supérieurs qui aident au développement de leurs frères; c'est que là, au contraire, c'est l'inintelligence qui domine et fait l'absence de tout perfectionnement. Et alors, ici, c'est le progrès qui se manifeste; là, c'est l'abrutissement qui persiste, la sauvagerie qui reste.

C'est ainsi que certaines tribus s'élèvent davantage et que certains peuples, ceux qui en naissent, arrivent à s'élancer tout haut au-dessus des autres, sauf à en périr après. Tel un arbre poussant trop rapidement, s'étiole, s'use et meurt en dépassant ses voisins.

De telle sorte qu'aujourd'hui il y a des peuples qui ne sont déjà plus que dans l'histoire lointaine, quand d'autres ne sont pas encore seulement entrés dans la vie réelle.

En vérité l'homme semble destiné à retomber s'il veut trop sortir, ou du moins sortir trop vite, de son essence; il paraît même presque condamné au recul s'il veut trop s'avancer. Après la force, la faiblesse; après la puissance, la décadence.

Et c'est cette idée qui dut frapper, sans doute, les penseurs de l'antiquité, puisqu'ils l'ont symbolisée avec l'histoire de Babel, avec le récit d'Icare voulant prendre le soleil. Quand l'homme audacieux veut dépasser les limites que lui a imposées la nature, celle-ci le confond et lui brûle les ailes. Que de philosophie dans la fable!

— Mais si le progrès physique a peut-être des bornes à cause de notre intellect trop faible, le champ de la vie morale, lui, n'est pas limité. Du moins il ne devrait pas l'être. Il n'est empêché du reste que par notre égoïsme.

Alors ne devraient-ils pas, les hommes, chercher à comprimer cette influence du « moi » si pernicieuse à notre perfectionnement, et chacun penser plus aux autres? L'idée de bonté, de solidarité, pourrait tant, si elle était développée, apporter à l'union de tous.

Ah! comme il serait mieux que chaque individu se dise que les autres sont, comme lui, avec les mêmes besoins, les mêmes aspirations, et qu'il faut les aimer, ces autres, pour être aimé à son tour. Et puisque l'égoïsme est notre grand mobile, pourquoi ne sent-on pas que penser aux autres serait toujours penser à nous-mêmes en vertu de la réciprocité?

Au reste, sortant de la bête, tenant toujours d'elle, si nous voulons nous en détacher absolument, si nous voulons être bien à part, si nous voulons réellement nous sortir de notre origine, nous grandir, nous ne pouvons le faire que par les sentiments. Ce n'est pas l'esprit seulement qui peut faire de nous des hommes vrais ; c'est le cœur.

Oh! oui, comme tout serait mieux si nous pouvions en arriver aux concessions réciproques, à ne vivre qu'à l'unisson, à vouloir le bonheur de tous; et comme ainsi nous nous avancerions, heureux et satisfaits de nous-mêmes, vers l'idéal de perfection auquel nous devrions tendre toujours !

Quelle vie nouvelle alors, belle et brillante, ce serait pour l'homme ! Quelle différence avec cette vie de la bête qu'il continue encore trop ! Quelle satisfaction après !

Puis, ensuite, que de bienfaits les hommes ne récolteraient-ils pas ? Que de progrès dans les sciences, dans toutes choses de la vie, si toutes les forces consacrées à la discorde, à la vengeance, à la guerre, l'étaient à la vie pratique ! Que de bonheur si les hommes pouvaient mieux s'entendre ! Que de charme, pour eux, s'ils arrivaient à s'aimer !

*
* *

— Hélas ! Tout cela est trop beau pour l'homme qui ne peut, malgré tout, arriver à dompter son « moi »; tout cela n'est qu'un rêve ! Il nous faut revenir à la réalité, à la cruelle et terrible réalité.

Mais, si nous ne pouvons espérer atteindre l'idéal rêvé, il faut du moins se dire que nous pouvons l'avoir dans nos pensées et que nous devons chercher à nous en rapprocher le plus possible. A nous d'aller de l'avant, à nous de nous avancer toujours, et quand même, vers ce but désiré, à nous de faire tous nos efforts pour nous diriger vers le bien.

Hélas, encore! La civilisation met, elle-même, des entraves à cette élévation de nos êtres; elle qui devrait nous grandir seulement, nous conduit mal, nous perd. C'est que la civilisation, nous l'avons déjà remarqué, c'est aussi, fatalement, le développement du mal. La civilisation c'est, à côté du bien qu'elle procure, le réveil des passions, le succès des vices et la victoire du « moi ». La civilisation trop poussée, c'est la préface de la décadence...

Alors que faire dans ce cercle effrayant, terrible, qui nous enlace et qui nous tient? Pauvres hommes!!

Oui, pauvres hommes! car, en vérité, ils sont plus à plaindre qu'à blâmer. Ils ne sont que victimes de leur nature, de leur origine et de leur destinée. Sont-ils cause si, nés de la matière, matière encore, matière après toujours, ils ne peuvent avoir d'autres idées, d'autres mobiles que tous les autres enfants de la matière, s'ils ne sont mus que par l'instinct de conservation qui est leur égoïsme.

Encore s'ils pouvaient, les hommes, avoir une meilleure orientation ; s'ils pouvaient être mieux conduits ? Peut-être seraient-ils capables, malgré tout, de s'amender, de se refaire, de s'avancer au moins un peu dans cette voie de l'idéal : on peut le croire. Mais ceux qui veulent s'ériger en sauveur, les mener, les conduire, sont souvent ceux qui les trompent le plus, cherchant à exploiter, pour leur satisfaction personnelle la naïveté des masses qui demeure insondable.

Alors qui nous montrera la bonne route qui nous y conduira ? Alors qui nous sauvera ?

Ah ! pourquoi toutes nos religions faites uniquement de sottises, de domination et de rapacité, ne sont-elles pas faites seulement pour nous guider, ne sont-elles pas basées, comme le voulait Jésus, sur l'amour de l'Humanité ?

VII

Alors Gaston Rozy prit la parole :

— Vos réflexions sont justes, dit-il; mais permettez-moi, monsieur, de remarquer que de ce que le collectivisme est faux et, par là, impossible, de ce que les peuples reviennent sans cesse à l'autocratie, au moins à la royauté, après avoir vainement essayé de se diriger eux-mêmes, de ce que cette royauté, c'est-à-dire le pouvoir des uns sur les autres, résiste toujours, l'on pourrait se demander si le principe autoritaire n'est pas celui qui convient le mieux pour la direction de la race humaine et si la masse des hommes, précisément à cause de leur faiblesse, de leur inhabilité et de leur incapacité à se bien guider eux-mêmes, n'ont pas plutôt besoin d'être conduits et gouvernés par une volonté qui s'impose.

— Mais non, reprit vivement le philosophe; jamais ! Il ne se maintient, là où il est, ce principe royal, que parce qu'il a la force et parce que ceux, qui le supportent, ont la raison dévoyée ou manquent d'énergie; mais il est faux, archifaux; on ne saurait trop le soutenir.

Ah! pourquoi donc tous les hommes, puisqu'ils ont la même origine, la même nature, ne seraient-ils pas nés avec les mêmes droits? Pourquoi donc les uns auraient-ils toute la puissance et les autres seulement l'esclavage? De quel droit celui-ci pourrait-il asservir tel autre, le maîtriser, lui ravir jusqu'à sa pensée, disposer même de sa vie? Le hasard de la naissance ne peut constituer une supériorité; et cette supériorité ne doit pouvoir s'acquérir que par le travail et par le talent. Au reste, supériorité ne dit pas autocratie, mais simplement direction.

Sans aller à l'extrême, — et cet extrême, l'autocratie, fut pourtant chez nous-mêmes et est encore, dans la plupart des contrées, — pourquoi les uns pourraient-ils abuser des autres? Pourquoi chacun ne récolterait-il pas plus justement, selon son travail et son savoir? Pourquoi les charges ne seraient-elles pas mieux proportionnées à l'avoir? Pourquoi les uns auraient-ils des moyens de parvenir que les autres n'ont pas? Pourquoi, en dehors du talent, y a-t-il la protection et l'arbitraire? Pourquoi la solidarité ne serait-elle pas plus effective?

Les organisations sociales contraires, en principe, aux idées d'égalité, demeurent, croyez-le bien, absolument fausses et ne représentent que l'injustice. Elles ne sont qu'une conséquence du passé et ne demeurent qu'en vertu de la puissance acquise. Elles sont à refaire. Et l'étiquette de la République, quand elle existe déjà, quand elle s'étale au fronton des monuments, ne détruit pas les erreurs; elle les couvre seulement.

Certes, comme il doit y avoir des maîtres pour les apprentis, des professeurs pour les élèves, il doit y avoir aussi des chefs pour les ouvriers, des intelligences pour conduire les bras, des directeurs, enfin. Ce n'est pas le pionnier qui peut concevoir et tracer les souterrains ou les voies suspendues. On ne peut savoir, si on n'a pas spécialement appris.

Certes, dans une société, il ne peut exister, malgré toutes les combinaisons possibles, égalité sociale absolue, parce que le moral et la force sont différents chez chaque individu, parce que chaque homme a, en lui, une puissance particulière, un rôle à part, selon son intellect, ses dispositions et ses goûts.

Certes, il ne peut se faire qu'il n'y ait pas toujours des riches et des pauvres, puisqu'il y a des économes et des prodigues, des travailleurs et des paresseux, des timides et des audacieux, des forts et des faibles, disons même, si vous le permettez, des chançards et des guignards.

Certes, il doit forcément subsister une différence dans la situation des personnes, puisque les fortunes, de par la vie des individus eux-mêmes, se modifient chaque jour et que l'on ne peut supprimer la possession, utile du reste, indispensable même, sans supprimer, du même coup, l'énergie de tous. D'ailleurs, l'inégalité naît forcément de la situation des familles, situation qui n'est pas un privilège, mais un acquis.

Certes, il faut dans une association de l'ordre et un pouvoir, des règlements et des lois; mais quelle différence entre un commandement régulier, normal, et un pouvoir absolu, sans conteste, héréditaire; quelle opposition entre une organisation juste pour les hommes et une exploitation des uns par les autres ! Quelle distance entre un droit de naissance et un droit que chacun peut acquérir !

Nous avons vu comment il est né, ce principe royal. Il n'émane pas de la nature, il n'est pas, non plus, sorti du raisonnement; il est né de l'anarchie, qui naquit, elle-même, du collectivisme. Ainsi, parce que le collectivisme est faux, cela ne veut pas dire que la royauté soit la vérité.

La vérité est que le communisme et la royauté sont, tous deux, des états sociaux erronés, parce que l'un et l'autre ne reconnaissent ni le droit de chacun, ni la justice pour tous, principes qui ne peuvent pourtant pas être méconnus et qui doivent même être le but de toutes bonnes lois d'associations.

Et si, d'un côté, celui du collectivisme, il y a une organisation sociale impossible, du moins les idées y sont belles dans leur conception; de l'autre, avec l'autocratie, il n'y a que des chaînes et elles sont terribles.

Collectivisme, système insensé qui doit s'effondrer de lui-même, engloutissant tout progrès dans l'anarchie; royauté, système impitoyable qui ne peut durer que parce qu'il est internal.

Gaston Rozy questionna encore :

— Mais entre les deux systèmes que vous avez exposés, monsieur, dit-il, et que vous avez si justement déclarés faux, il doit bien y en avoir un autre bon et vrai ? Il devrait, au moins, exister un mode d'association pratique qui soit équitable et réponde à notre pauvre espèce. Quel est-il ?

— A dire vrai, je ne sais trop si cette juste association peut se constituer, reprit M. Jarcot, précisément parce que notre race est et demeure toujours inférieure et qu'elle ne peut se soustraire assez à son origine.

Il y aurait bien, sans doute, un mode d'association facile à trouver, lequel serait régulier, et normal, si les hommes étaient meilleurs ; mais, tels qu'ils sont encore, égoïstes et mauvais, il n'est pas facile, sinon impossible, de le découvrir.

C'est que la matière inerte, dont nous sommes sortis un instant pour y faire retour à la mort, ne pouvait, vous le pensez bien, élaborer des lois concernant notre organisation. Elle nous a produits, la matière, nous a donné, naturellement et forcément, comme à tous les êtres, le sens du « moi », mais c'est tout. Elle ne pouvait davantage.

Aussi, est-ce bien à nous, hommes, qui avons l'intellect, de trouver cet état social dont vous parlez, cet état normal, à la fois vrai et pratique, s'il peut exister. Mais comment trouver?

En tenant compte simplement de notre instinct et de notre but. De notre instinct, qui ne voit que notre « moi »; de notre but, qui est l'association qui, aussi, a son « moi ». Et, en ne sortant pas de cette base forcément juste, que trouve-t-on?

Que la nature, à nous primitifs, dit :

« Vis et ne connais que toi; fais tout ce que tu voudras, tue même. A toi toute liberté; qu'importe le reste! »

Que, d'autre part, la société nous dit :

« Ne fais pas aux autres ce que tu ne voudrais pas que l'on te fît. Ne nuis à personne; songe à l'association dont tu fais partie et dont tu recevras d'ailleurs, en échange, les bienfaits qu'elle peut te procurer. Songe à tous! »

Eh! mais voilà qui est tout trouvé! Avec ce simple principe de liberté pour chacun, de justice pour tous, il semble que l'on puisse fonder une société juste et durable, même avec les hommes mauvais.

Ah! oui, si on le voulait bien, deux mots suffiraient pour conduire les hommes : « Justice et liberté! » Et ces deux mots, qui paraissent être comme la base d'une organisation humaine bien comprise, sont, précisément, comme l'expression opposée des systèmes qui sont faux. Le collectivisme voilà bien, quoi que certains disent, l'injustice pour chacun ; l'autocratie, voilà bien l'esclavage !

VIII

M. Jarcot soupira longuement et reprit :

— Deux mots pour conduire les hommes ! ... Mais, quand je parle ainsi, je ne fais, je le sais, que de la théorie ; et il y a si loin de la théorie à la pratique !

C'est très facile, en effet, de dire que deux mots peuvent suffire à conduire les hommes ; mais, quand il faut entrer dans les détails des lois, quand il faut tenir compte, partout, de la vraie justice et de la bonne liberté, que les choses sont plus compliquées ! Elles se compliquent surtout devant les sentiments humains faits d'égoïsme et de mauvais vouloir.

Il est pourtant rationnel de dire que l'on doit pouvoir s'approcher le plus près de la vérité avec le gouvernement de tous, c'est-à-dire par la République, puisque c'est là que l'on peut trouver le plus de justice et de liberté pour chacun. Ce n'est même que par la République que l'on peut arriver à cette vérité désirée, puisque là, seulement, peut demeurer l'égalité partout où elle peut être, où elle doit être.

Malheureusement, avec cette base, une bonne organisation est encore difficile, parce que la masse des hommes ne s'y prête pas et parce que chaque individu a son idée, son système. La désunion des hommes fait leur faiblesse.

En tous cas, l'approche, sinon la réalisation de cette association rêvée, devrait découler du suffrage universel. Elle n'est même, semble-t-il, possible que par lui, qui représente tous et dit leur désir ou mieux la volonté de la majorité.

Mais qu'il y a loin avant que tous les hommes puissent librement et justement exprimer leur pensée ! Que sommes-nous sur la terre, nous qui pouvons émettre un vote ? Encore sommes-nous bien, personnellement, tous capables de nous prononcer en toute conscience, sincèrement, et avec connaissance de cause ? On peut en douter devant l'intérêt qui nous pousse et l'ignorance qui nous trompe.

Toutefois, il faut le reconnaître, le suffrage universel, lui-même, est, avec certaines formes, entaché d'un vice énorme. Avec lui, ce peut être l'écrasement de minorités souvent imposantes pourtant. Pour une voix, la moitié d'une population peut rester annihilée et c'est évidemment injuste, car il faut penser à tous. Aussi faut-il souhaiter que l'on trouve un remède à cette erreur. Mais trouvera-t-on ? En attendant les minorités n'ont qu'à s'incliner.

Il y a bien un système de représentation proportionnelle qui est à l'étude; mais ses avantages ne cachent-ils pas d'autres défauts? On peut le croire. Alors le mieux, sans doute, serait de supprimer simplement le scrutin uninominal qui a le grand tort d'être surtout personnel, pour le remplacer par le scrutin de liste; avec lui, l'électeur peut exprimer plus spécialement une idée. Ainsi, par ce dernier système, le mauvais côté du suffrage universel semble atténué. En tous cas, là, le principe l'emporte sur le candidat; et ce serait un grand pas vers la sincérité des votes.

Mais nous ne sommes pas là pour élaborer une loi sur ce point; passons. Je répondrai seulement encore, au reproche adressé au dit suffrage universel à propos de l'incompétence de certains électeurs, en disant que ce reproche n'est guère valable, étant donné que cette incapacité se fait généralement équilibre dans les partis en présence.

D'ailleurs, ici, le remède est tout indiqué : instruisons les hommes; donnons partout plus de savoir, répandons la lumière. Et, ainsi, ce n'est pas seulement le vote qui deviendra meilleur; ce sera l'homme qui, en même temps, s'élèvera. L'un ne sera du reste que la conséquence de l'autre.

Quoi qu'il en soit d'ailleurs des défauts qu'il peut avoir, le suffrage universel a ceci de bon, de grand même, d'imposant, que, par son essence, il tient en lui, logiquement, la fin des révolutions en même temps que l'esprit de progrès.

Avec lui, c'est folie pour un peuple que de vouloir se soulever, puisqu'il a voix décisive et que, par lui, il a la force légale. Avec le suffrage universel, un peuple n'a qu'à choisir des mandataires selon ses idées pour que celles-ci puissent triompher. Et il n'a pas à lutter contre lui-même : il est le peuple souverain.

**

— Mais il ne faudrait pas, toutefois, sous prétexte d'égalité des sexes, donner raison aux suffragettes. Avec elles, le cœur féminin qui porte tout à l'excès, la bonté comme la colère, les lois seraient vite bouleversées, — et mal, sans doute, faute d'une préparation préalable, — après des séances de loquacité orageuse.

Chacun a d'ailleurs son rôle ici-bas. Dans notre ruche humaine la femme a autre chose à faire que de s'occuper de politique. Sa mission principale, c'est le ministère de l'intérieur et il a une valeur énorme pour tous, à cause de la ligne de conduite à donner aux enfants. Elle a, là, de quoi occuper ses talents et son cœur. Elle a à former des hommes, à préparer des citoyens.

Puis, la femme a à les faire, ces enfants; et c'est un devoir tout particulier, si elle veut les mener à bien. La voyez-vous du reste, avec un gros ventre, gesticulant à une tribune ? Quel que soit le respect que doit inspirer cette situation de mère future, elle deviendrait, là, grotesque.

Mais comprenez bien que je ne veux pas dire que la femme doit être rejetée de tous les emplois. Au contraire, j'estime qu'elle a sa place marquée en certains points et que les quelques femmes, qui abandonnent les idées futiles pour se donner à l'étude, ont le droit d'arriver. Et, là, il n'y aurait que les hommes, injustement jaloux, qui penseraient à se plaindre et ce serait bien à tort. Le sexe masculin a empiété assez sur le rôle des femmes, pour que celles-ci aient droit à d'autres fonctions.

Je n'insiste pas; je suis convaincu d'ailleurs

qu'à part quelques tempéraments bruyants, la femme ne tient pas à la politique ; elle aime encore mieux les chiffons et être adulée. Elle comprend bien du reste que, le jour où elle aurait la même vie que l'homme, elle n'aurait plus, ayant l'égalité avec lui, droit à ses politesses et ses égards. Et ce serait trop dur, pour elle, de ne plus recevoir nos respectueux hommages.

Puis, on comprend mal une femme lancée dans les luttes publiques et s'entendant appeler « femme vendue, femme à tout faire », simplement parce qu'elle aurait un concurrent. La femme doit être à l'abri des injures des hommes et honorée d'eux. Elle doit plutôt rester avec sa finesse, sa poésie, son dévouement et son amour pour les siens. Elle doit demeurer seulement comme l'âme du Foyer.

*
* *

— En attendant que le suffrage universel ait pris sa place sur toute la terre sous l'égide des Républiques, — ce qui est bien loin dans l'avenir, — et que les peuples puissent, partout, former des associations plus heureuses que celles qu'ils ont, il y a lieu de veiller pour que ce suffrage universel puisse donner ses fruits, là où il est, et nous épargne la guerre civile ; aussi, pour qu'il ne se laisse pas étouffer.

Mais quoi ? Si les révolutions n'ont plus logiquement raison d'être avec lui, elles peuvent être encore, quand même, par l'audace ou la folie des partis méconnaissant le droit de la majorité ou voulant précipiter les événements.

Ainsi, il y a deux sortes de révolutions : Celles qui sont pour aller soi-disant plus de l'avant, généralement même au delà des limites possibles ; celles qui sont faites, au contraire, pour un retour en arrière. Ces dernières s'appellent des « coups d'état ». Prenez garde !

C'est que, si l'esprit nouveau veut parfois aller trop vite, s'illusionne et s'égare, le vieux monde, lui, résiste et guette toujours le moment propice pour se ressaisir. C'est que les erreurs, les fautes des premiers, pourraient servir les projets des seconds. C'est qu'aussi il y a des exploiteurs d'idées de progrès comme il y a des exploiteurs de religion. Prenez garde !

Pour le bonheur de tous, il ne faut pas cette lutte impie des partis extrêmes. Quelle erreur que d'espérer une solution heureuse d'une guerre fratricide! D'ailleurs, si la force est indispensable pour renverser un pouvoir autocrate sans contrôle, l'urne électorale doit suffire, nous l'avons dit, pour faire triompher les idées. Le bulletin de vote doit en finir avec la bombe et le revolver.

∴

— Ce n'est du reste guère que des exaltés, des fous, qui peuvent pousser, ainsi, des peuples, munis du suffrage universel, à se déchirer... à moins que ce soit des intéressés aux troubles, alors les derniers des coupables. Et partout tous, exaltés ou intéressés, trompent les malheureux en comparant leur misère à la fortune des autres, puisque ce n'est pas cette comparaison qui doit atténuer le mal et qu'elle ne peut que pousser à la discorde.

Mais les malheureux se laissent prendre. Parce qu'ils souffrent, ils s'irritent et croient ceux qui les excitent. Alors ils jalousent la fortune et celle-ci attend son heure ; et ce sont de part et d'autre des regards de défi. Ici l'envie, là la haine.

Ah ! quelle faute pour tous ! Ce n'est cependant pas par la guerre que les déshérités de la fortune peuvent améliorer leur sort ; ce n'est pas par elle que les heureux peuvent garder leur bonheur apparent. Ce n'est pas dans la lutte des classes qu'est le salut social ; c'est dans l'union de tous ; c'est dans la solidarité, dans l'amour de l'Humanité.

**

— D'ailleurs, il faudrait cependant bien voir les choses sous leur vrai jour et comprendre que la fortune des uns n'ajoute pas à la misère des autres. Au contraire elle ne peut que l'atténuer logiquement, puisqu'elle doit, en fait, aider au mouvement des affaires, ce qui constitue la richesse publique.

Les grandes fortunes sont bien, il est vrai, comme une ironie regrettable devant les grandes misères ; mais il n'y a là qu'une mauvaise impression morale ; en réalité, elles ne nuisent en aucune façon ; elles ne choquent que par contraste. D'ailleurs qu'y faire ? On ne peut que leur demander de l'aide pour les autres et nous le dirons.

Mais tout le monde ne peut avoir le même capital. Au lendemain d'un partage égal, ce serait déjà l'inégalité, parce que tous n'ont pas les mêmes idées de dépenses ou d'économies. Pour la paix sociale puisse-t-on le comprendre ! Ce n'est pas d'ailleurs parce que les riches ne seraient plus que les pauvres auraient davantage, au contraire.

Oh ! oui, il est triste de voir tant de malheureux ; mais aussi pourquoi tant d'entre eux le sont-ils par leurs fautes ? Que de misère par suite d'imprévoyance ou pour avoir cédé à de mauvais instincts. N'oublions pas qu'au delà du nécessaire tout n'est que fantaisie et que le superflu c'est plutôt l'inutile, souvent le nuisible.

Cela ne veut pas dire que les privations doivent être une règle; nullement. Car ce superflu, quand il n'est pas le fait des passions, mais le résultat de circonstances passagères, n'est qu'un bien. Avec lui, ce sont les heures de fête, le moment d'oubli des mauvais jours, c'est l'illusion de la vie heureuse... Cela veut dire seulement que l'homme valide et travailleur, ayant une vie régulière et honnête, peut généralement, à moins d'accident, se tirer d'affaire.

Mais, parce que certains sont malheureux par eux-mêmes, ce n'est pas une raison pour qu'il faille, alors, les laisser souffrir. La misère est à soulager partout et toujours. Et c'est pour la combattre sans cesse qu'il faut que la richesse apporte, sans cesse aussi, ses secours. Si les fortunes ne peuvent s'égaliser, les uns doivent du moins donner aux autres.

Au reste, pour ne pas jalouser la fortune, n'oublions pas qu'elle ne fait pas le bonheur, si, parfois, elle peut y contribuer. Les riches ont aussi leurs chagrins, leurs tourments, leurs malheurs. Le bonheur, s'il existe, peut se trouver partout et être pour tous. Approfondissez les choses, vous le découvrirez peut-être, ce peu de bonheur possible ici-bas, dans les positions modestes, là où est l'indépendance et le mépris des conventions mondaines. Il est surtout là où est le travail et l'amour des siens.

Et ce bonheur n'est guère qu'avec la santé. Alors, nous rappellerons les soins que nous devons donner à notre corps, pour nous et les races futures. Efforçons nous de former une belle et solide descendance. Si nous ne pouvons beaucoup pour nous, pensons au moins à ceux qui viendront dans l'avenir.

*
* *

— Mais si l'égalité des fortunes est impossible, celle des situations est tout aussi irréalisable. Tout le monde ne peut pas être terrassier, artiste, mathématicien, docteur et avocat à son tour. Chacun a ses aptitudes et, pour chaque métier, il faut une endurance particulière ou une étude spéciale.

Aussi, on se demande, comment peuvent comprendre la société, ceux qui montrent le bourgeois comme l'ennemi à supprimer. Quelle erreur de vision !

D'abord je me demande, moi, où commence le bourgeois ? Le patron de quelques ouvriers est-il un bourgeois ? Le contre-maître, lui-même, n'est-il pas déjà un bourgeois ? Et l'ouvrier, le dimanche, alors qu'il se promène avec sa famille ou quand, le lundi, il fume sa pipe et prend son verre, n'est-il pas un bourgeois ? Et-ce le travail qui établit une ligne de démarcation ? Mais il y a des bourgeois qui peinent bien plus que certains ouvriers. Alors ?

D'ailleurs, s'il ne devrait plus y avoir que des ouvriers, on peut se demander encore qui les dirigerait, ces ouvriers ? on pourrait même ajouter qui les payerait et les soignerait ? car il faut bien supposer que les ingénieurs, médecins, pharmaciens et caissiers, sont déjà des bourgeois pour ceux qui rêvent de l'égalité où elle ne peut pas être.

Mais tout cela n'est, en réalité, pas sérieux. Je vous rappellerai, toutefois, ce que je vous ai exprimé tout à l'heure, à propos de la lutte des classes ; à savoir que le bien devrait venir de l'accord de tous, plutôt que de la discorde.

Il serait donc plus à propos de comprendre que l'homme a mieux à faire que d'entretenir, en lui, des sentiments pénibles et pernicieux de jalousie. Il vaudrait mieux reconnaître que tous aspirent à monter quelques échelons de l'échelle sociale et approuver même ce désir, qui ne peut que nous grandir, quand il ne s'appuie que sur le travail et l'honnêteté. Au reste est-ce que chaque ouvrier sérieux n'aspire pas à se mettre à son compte, à devenir patron ?

*
* *

— Mais si les hommes ne peuvent avoir tous la même fortune, ni la même situation, si l'égalité ne peut être que devant la loi, chacun reste du moins avec des devoirs vis-à-vis des autres.

D'abord, un devoir sacré pour les hommes qui dirigent les autres, c'est la douceur et la bonté. Ce sont ces sentiments-là qui doivent inspirer les maîtres. Il ne faut pas oublier que l'homme qui commande est déjà assez heureux d'être chef et que les autres sont, quand même, ses semblables. Encore faut-il que ceux, qui obéissent, sachent se montrer dignes des égards que l'on doit avoir pour eux. En somme, chefs et subalternes devraient être comme liés dans leurs rapports. Si les bons maîtres font les bons ouvriers, les bons ouvriers doivent faire aussi les bons maîtres.

Un autre devoir pour les fortunés, c'est de dépenser une bonne partie de leurs revenus. En effet, l'argent possédé vient du travail de tous et l'argent dépensé retourne un peu à chacun, d'où il vient, ce qui est juste. Et celui qui ne songe qu'à thésauriser est un citoyen plutôt inutile à la société, s'il n'est pas nuisible.

N'allez pas comprendre au moins que je veuille dire que l'on n'a pas le droit d'économiser; il y a un juste milieu en toutes choses. Je pense, au contraire, que l'économie est plus qu'un droit pour beaucoup ; il faut penser à l'avenir.

Le devoir des riches est aussi de donner en plus de ce qu'ils doivent pour les besoins ordinaires de l'État. Et cette obligation ne devrait pas leur être pénible ; ce devrait même être pour eux une satisfaction que de soulager les autres. Il n'en est pas moins utile de la leur rappeler.

*_**

— Mais que sert de prêcher la générosité et la mansuétude aux avares et aux cœurs durs? Et pourtant ceux-ci, comme les autres, se doivent à la société. Aussi, n'est-ce que par des règlements, des lois, que l'on peut atteindre tout le monde avec justice et régularité.

C'est donc à la société, à l'État, à régler d'une façon aussi juste que possible, les charges de la fortune, ainsi que les rapports entre maîtres et ouvriers. Il faut, toutefois, que ces lois n'atteignent pas la liberté individuelle et ne tournent pas, ainsi, au collectivisme. Autrement, ce serait faire fausse route et bien certainement l'on se perdrait.

Il faut, en effet, que la richesse paie sa bonne part pour la charge publique. puisque l'on ne peut prendre où il n'y a rien. Il faut même que la fortune paie progressivement à son importance, puisqu'au delà d'une certaine limite, l'homme reste au-dessus de tous les besoins et qu'alors ce n'est plus, réellement, lui qui est atteint, mais seulement le capital superflu et ainsi inutile pour lui.

Il faut aussi que le capital n'exploite pas le travailleur ; c'est-à-dire qu'il faut que ce dernier trouve largement ce qui est nécessaire à son existence par l'effort qu'il donne, et que tous les bénéfices de l'œuvre ne soient pas pour le dit capital.

Pour atteindre ce résultat on doit laisser aux ouvriers la possibilité d'une entente régulière et normale entre eux pour faire valoir leurs justes revendications. C'est, après, une balance à trouver; c'est la question étendue mais éternelle, de l'offre et de la demande.

Encore ne faut-il pas oublier que si l'ouvrier venait à exagérer ses prétentions, il serait le premier à en souffrir. C'est que l'augmentation de ses salaires ferait aussi celle de la chose produite, qu'il devrait, à son tour, payer plus cher. En sortant d'une sage mesure, on n'arriverait qu'à ajouter à la perte de la valeur de l'argent d'une façon exagérée et, alors, il n'y aurait rien de fait pour le bien général.

Aussi, devant la difficulté qu'il y a à atteindre le point précis où l'équilibre normal peut avoir lieu entre le travail et le capital, l'on tremble devant les fautes et erreurs qui peuvent être commises et l'on se demande si on pourra l'atteindre un jour. Qand même, il faut chercher et s'efforcer, là, comme ailleurs, de s'approcher le plus près possible de la justice, car, dans cet accord, réside, forcément, la richesse des pays. Mais le capital ne peut pas ne pas être; il est du reste le bras du travail. Et il n'y a pas à vouloir sa suppression impossible; il n'y a qu'à rechercher l'entente de la main d'œuvre avec lui.

※

— En tous cas, si l'État doit agir dans maintes questions économiques, l'État peut se tromper et, du reste, ne peut tout. La conduite des hommes fait même plus que lui. Mais souvent, hélas! ils ne vont guère du bon côté, ces pauvres hommes; il vont même, parfois, précisément à l'encontre de la vérité. Après, ce n'est que le temps et l'expérience qui leur montrent les mauvais chemins suivis; et qu'il en faut, de ce temps et de cette expérience, pour faire comprendre les erreurs commises!

Voyez, par exemple, le désir qu'éprouvent les hommes, maintenant, d'aller se grouper dans les grands centres. Il y a là, certainement, un manque de sagesse, un éloignement du vrai, une faute économique. Et c'est une faute qui peut désorganiser une société par défaut d'équilibre entre la consommation et la production qui vient du sol.

Mais quoi ? Le désir d'un bien-être imaginaire, le besoin de plaisir, domine tout. Le bruit, les fêtes, les réjouissances, attirent vers les villes; on veut vivre double. La poussée des races civilisées vers la décadence l'emporte.

Et cela sera jusqu'à ce que la loi économique naturelle, elle-même, arrête ce mouvement faux et pervers. C'est la campagne qui fait la matière première; c'est elle qui s'imposera à son tour.

Quand elle ne pourra plus produire faute de bras, quand les vivres seront si rares qu'elle les gardera en partie pour elle et que les citadins ne pourront plus les payer ce que l'on en demandera, la décision de ces derniers sera vite prise. On pensera au pays natal, au pays des ancêtres, et l'on rêvera, — après avoir rêvé concerts et music-halls, — de son champ, de sa maisonnette et d'air pur. On aspirera à manger la pomme de terre que l'on aura plantée, le lait que l'on pourra traire soi-même, le vin que l'on aura récolté, plutôt que de se nourrir de produits frelatés. Mais que de temps perdu en cherchant la bonne voie !

Voulez-vous encore un autre exemple d'erreur ? Prenons-le, cette fois, non pas dans l'impulsion donnée par les individus eux-mêmes, mais dans les lois faites, soi-disant, pour le bien. On n'a du reste que l'embarras du choix ; ils abondent. Un mot de la question du repos hebdomadaire :

Quelle sottise que cette loi élaborée cependant avec les meilleures intentions ! D'abord la pratique nous en a déjà montré les défauts ; mais, en dehors de cela, que veut dire cette atteinte à la liberté individuelle ? cette ingérence de l'État dans les affaires personnelles de chacun ? Qui donc, mieux que chaque individu, peut savoir quand il a besoin de repos ? D'ailleurs si je veux me fatiguer, moi ? Ne suis-je donc plus maître de ma personne ?

C'est un des grands torts du collectivisme que de vouloir enlever à tous son initiative et de mettre tout le monde sous une tutelle des plus autoritaire. Et, là, avec le repos hebdomadaire, on est tombé dans cette faute; on diminue l'homme.

Laissons donc à chacun le droit de vivre à sa guise. C'est aux ouvriers à s'entendre avec les patrons pour leur repos et l'État ne doit pas s'occuper de cette question, pas plus qu'il ne s'occupe des salaires. Les syndicats, le droit de grève, que l'État a donné, sont là pour permettre et soutenir toutes discussions. L'État, lui, n'a, après, qu'à veiller à l'ordre et à prêcher la conciliation.

Aussi, avec cette loi du repos hebdomadaire, nos législateurs ont fait fausse route et, là encore, comme dans mille circonstances, c'est du temps perdu. Mais pourquoi les hommes se laissent-ils tant égarer par des idées si irréfléchies? Ainsi ils piétinent sur place ou pataugent dans de fausses voies et en arrivent, souvent, même à détruire le bien qu'ils avaient d'abord ébauché. Ah! le progrès! Où est-il donc le chemin qu'il faut prendre pour l'atteindre sûrement? Qui le trouvera?

IX

Après un instant de repos qui fut, pour lui, comme un moment de recueillement, M. Jarcot continua encore :

— En vérité, il y a cependant mieux à trouver pour tous les peuples que ce qu'ils ont. Il y a mieux que la jalousie des uns contre les autres, laquelle n'aboutit qu'à créer à chacun des tourments inutiles ; il y a mieux que de vouloir une égalité absolue qui demeure impossible ; il y a mieux que la lutte sanglante entre le vieux monde et le nouveau ; il y a la marche régulière, normale, vers le bien, marche qui devrait être acceptée et aidée par tous parce qu'elle est la vérité. Et quand je dis marche régulière, normale, je n'entends pas une marche fictive, un piétinement sur place, avec seulement l'illusion de l'avancement ; j'entends une marche réelle et efficace.

Alors il n'y a qu'à la chercher cette voie du progrès, qui semble, il est vrai, si difficile à trouver, mais que pourtant on découvrirait bien sûr, si tous avaient plus de désintéressement et plus de bon vouloir, si tous avaient par-dessus tout un amour sincère et profond de l'Humanité.

Mais que faire, direz-vous ? Comment la découvrir cette voie si cachée peut-être ? Comment, après, s'y aventurer sérieusement sans crainte des écueils et des tournants ?

Cherchons toujours et avançons.

Ce qu'il faudrait d'abord, c'est que les charges de la communauté, je veux dire de l'État, soient plus justement réparties, selon les ressources de chacun. Or, le prolétaire, celui qui ne possède rien, paie, toute proportion gardée, bien plus que le riche et cette répartition est criante autant que déshonnête. Il faudrait tout le contraire.

Ce qu'il faudrait, c'est que les uns ne puissent pas exploiter les autres ; c'est que ceux-ci puissent mieux défendre leurs intérêts. Que l'on soit riche, c'est fort bien; mais que ce ne soit pas par la misère et la peine de ses semblables.

Ce qu'il faudrait, c'est que chacun ne puisse arriver aux postes désirés que par sa seule valeur. Les protections, au préjudice des ayants droits, sont scandaleuses et surtout décourageantes pour les candidats. Et puis pourquoi aux uns des traitements si ridiculement élevés, quand d'autres, en trimant sans cesse, gagnent à peine leur vie? Certes les appointements doivent s'augmenter avec le temps de service et il y a à tenir compte des frais et de la longueur des études ; mais encore? Quelle disproportion entre les uns et les autres !

Ce qu'il faudrait c'est assurer la vie à tous. Ceux qui ont la santé, la force, ont le travail; mais les malades, les vieillards, les infirmes, n'ont souvent pas assez, parfois même rien, et les hospices ne répondent pas à tous les besoins. Quand on a peiné toute sa vie, on a pourtant bien le droit de se reposer sans mourir de faim.

C'est dans cette pensée qu'il faut protéger les assurances, provoquer les mutuelles, véritables bases justes et rationnelles des meilleurs secours possibles. L'État doit même faire plus que de les encourager; il doit les aider ou mieux, à côté d'elles, compléter ce qui est nécessaire à l'extinction du paupérisme. Toutefois il serait juste de distinguer le travailleur malheureux de l'éternel trimardeur.

Ce qu'il faudrait, enfin, et surtout, c'est une instruction ayant, pour tous, le même principe ; une instruction unique donnée par l'État, les uns pouvant seulement apprendre plus que les autres ; je veux dire : pousser plus loin leurs études, selon leurs besoins, leurs goûts et leurs buts. Mais diviser les peuples dès la jeunesse, par les idées et les différentes conceptions de l'organisation des hommes, c'est préparer les discordes, c'est vouloir la guerre sociale.

Quand on a été assis sur les mêmes bancs, que l'on a gaminé dans les mêmes cours, il reste un lien plus grand entre les individus. Les privilégiés du sort apprendraient du moins, là, à l'école, tout en étudiant, qu'il y a des êtres moins favorisés et moins heureux et ils pourraient mieux se le rappeler après. Et il y aurait ainsi, dans le cœur des hommes une base sérieuse et féconde pour l'accord et la paix entre tous.

On a dit que l'armée était une bonne école pour l'union des hommes ; on a dit qu'avec la loi nouvelle, chez nous, les hommes apprendraient à se connaître et à se soutenir ; mais l'école doit déjà préparer cette union. Avant l'armée, la classe doit être la mère de la fraternité. Là, est la grande base de l'ordre social.

Et ce n'est pas seulement les mêmes principes de science qu'il faut donner à la jeunesse, c'est l'éducation. Apprendre ce qui est juste, ce qui est beau, donner l'horreur du mal et du vice, élever les cœurs en grandissant l'esprit, sont aussi le devoir des États. Au reste, l'instruction, donnée en masse, demande encore plus la bonne éducation, parce qu'il ne faut pas que les mauvais instincts puissent déteindre sur les faibles. Et plus les réunions sont nombreuses, plus le mal est à craindre.

Quant au droit du père de famille dont certains se réclament, on pourrait leur objecter que ce droit se perd bien devant l'armée, c'est-à-dire devant la patrie, et qu'il pourrait être aussi annihilé devant le salut public.

Mais pourquoi brusquerait-on les événements? Ce serait une faute énorme. Il y a du reste, là, toute une étude pédagogique à faire. Il faut, maintenant, simplement préparer la route. Que l'on se contente d'abord de vouloir réserver les fonctions de l'État aux élèves de l'État. Après, tout reviendra vite du côté de la justice et, pendant ce temps, les cœurs pourront comprendre et se préparer à cette belle et grande loi de la fraternité.

En plus de l'éducation et de l'instruction, l'État a encore le devoir d'aider à développer les corps. Par les exercices physiques, par les soins d'hygiène, l'État doit chercher à préparer de belles générations. N'oublions pas que la santé est le bien le plus précieux et que l'âme dépend du corps.

Ce qu'il faudrait, en un mot, c'est faire des races fortes, bien trempées, pour qu'elles puissent mieux supporter la vie ; c'est faire des hommes capables de comprendre et de rêver d'une vie plus grande et plus juste, plus belle et meilleure.

Et il n'est pas utile, pour atteindre ce but, de parler d'un Dieu bon ou mauvais, d'un Dieu justicier auquel, du reste, on ne croit déjà plus guère ; il est moins utile encore, et même nuisible pour le développement de l'esprit, d'abêtir les enfants avec des histoires aussi insensées que mystérieuses. Il n'y a, pour aller au point désiré, qu'à montrer franchement la vérité, à ne parler que par la science, et à ne prêcher que le bien, la concorde et la solidarité.

Rappeler à tous l'origine de notre pauvre espèce, montrer le droit et le devoir de chacun, dire ce que nous pouvons devenir en nous élevant par le cœur et l'intelligence, vouloir, enfin, faire des hommes à la place de bêtes, voilà le rôle de l'État envers la jeunesse, voilà la mission sacrée des professeurs. Et il ne devrait y avoir, pour tous, qu'une religion vraie : Celle de l'Humanité.

*_**

— Ce qu'il faudrait encore, c'est plus s'occuper des coupables, de ceux qui, sous une mauvaise impulsion, nuisent aux autres, ne peuvent s'assimiler à la société, et sont un obstacle à son organisation.

De ceux-ci chaque nation peut en faire ce qu'elle voudra, on n'en risque guère. Que du moins on ne les revoie plus. A ceux-ci la société, leur victime, ne doit rien, si ce n'est la vie contre le travail; qu'ils s'arrangent entre eux. Il n'y a pas à gaspiller sa sensibilité pour les endurcis dans le mal.

Je parle ici pour les récidivistes, car, au contraire, une première faute a droit au pardon. On doit même chercher d'abord à ramener au bien celui qui, une fois, s'est laissé aller à succomber. Les fautes ont parfois tant d'excuses !

Mais les autres, les criminels de profession, il n'y a, je viens de le dire, qu'à leur trouver dans le milieu des mers quelques îles désertes capables de les nourrir. C'est ainsi que l'on devrait traiter les dévoyés de l'Humanité, ceux que l'on ne peut arracher au mal. Au reste, là-bas, réduits à eux-mêmes, ayant besoin de travail pour subvenir à leurs besoins, arriveraient-ils peut-être à s'amender.

Je ne parle pas ici pour les grands criminels qui méritent un châtiment avant l'expulsion, encore moins pour ceux qui sont même indignes d'une expulsion avec vie en liberté. A ces derniers c'est la cellule à vie, sinon la mort. Il y a des bêtes que l'on ne peut jamais apprivoiser et qu'il vaut mieux boucler ; il y a des monstres qu'il vaut mieux détruire.

Et si je vous dis cela, c'est que je crois que la criminalité entraîne la criminalité, que le mal engendre le mal et que l'assainissement d'une société doit aider beaucoup à son élévation. Où l'ivraie n'est plus, les bonnes graines prospèrent davantage ; où la corruption n'est pas, le cœur grandit plus.

***

— Dans cet exposé que je viens de tracer, vous l'avez compris, je n'ai voulu que vous résumer ce qui constitue la base d'une société bien cimentée, mais ce n'est là qu'une base. Que d'améliorations à faire encore après !

Pourtant si tout cela était déjà dans un pays, on pourrait, ensuite, dans cet heureux pays, — au moins heureux d'espérances, — chercher ce qui est encore utile, indispensable, pour la satisfaction de tous. Et le travail, pour accomplir ce progrès, ne manquerait point, puisque le progrès est illimité. Aussi, chaque jour devrait avoir sa tâche et chacun de nous aspirer à ces réformes premières, vouloir les continuer, pour établir la meilleure des sociétés; tous nous devrions être socialistes.

Mais quand je dis : *socialiste*, je ne veux

pas, là, dire partisan de telle ou telle conception humaine, membre de tel ou tel groupe politique, car nulle part, sans doute, ne demeure toute la vérité. celle-ci restant au-dessus de nous.

Par *socialiste*, je veux dire avoir au cœur cet idéal qui dort au fond de nos consciences et que nous ne voulons même pas réveiller, parce qu'il ferait tressaillir de honte nos coupables personnes, cet idéal qui est la justice pour tous.

Et animé par ces pensées, je voudrais espérer qu'un homme, comme inspiré, paraîtra, enfin ! pour faire faire un progrès rapide et réel à notre si incomplète et si fausse organisation sociale.

Mais non ; on voit bien surgir, çà et là, des pygmées qui savent tout critiquer, tout blâmer, tout vouloir, mais qui ne savent plus guère que se complaire et penser à eux quand ils sont au pouvoir. Avec eux, ce sont toujours les mêmes injustices, le même favoritisme, les mêmes erreurs. Il y a toujours partout le « moi » qui domine.

Il serait mal, pourtant, de nier qu'il y eut autour de nous quelques réformes et qu'il s'en prépare d'autres; mais elles sont si petites, ces réformes, relativement à ce qui est à faire ! Pour les sentir même, les apprécier comme elles le méritent, il faut se reporter en arrière, se rappeler le passé et voir le chemin parcouru ; il faut une comparaison.

Qu'importe ! le progrès n'est pas ce qu'il devrait être; on piétine trop sur place, parfois même on est prêt à reculer, on recule.

Aussi pourquoi les hommes sont-ils si indifférents dans l'ensemble ? Préfèrent-ils donc encore leur vie mal comprise, plutôt que de s'élever ? Pourquoi ne choisissent-ils pas mieux leurs représentants pour traiter leurs affaires ? Pourquoi oublient-ils tant leurs devoirs ?

Ah ! ne pourra-t-il donc pas paraître ce génie de savoir et de cœur, dont je parlais tout à l'heure, capable de tout ordonner juste, de tout mettre au point? Je l'appelle de tous mes vœux, cet esprit colosse. C'est mon Messie!

Mais viendra-t-il seulement un Parlement qui sache travailler, qui veuille réellement le bien avec ardeur, y aspire, surtout qui sache penser sincèrement aux autres, à tous, plutôt que seulement à lui-même?

— En attendant ces principales lois motrices d'une bonne et juste société, je ne vois guère, autour de nous, que de bien petits facteurs pour aider à l'union des hommes, à leur juste nivellement, première base de paix sociale. Pourtant ils existent, ils agissent; et, s'ils ne sont pas bien puissants, ces facteurs-là, ils opèrent du moins sans luttes et sans bruit, toujours sûrement.

Ces facteurs-là, c'est, ici, le suicide de la classe bourgeoise. En ne voulant que son bonheur, en ne se servant de la religion que comme d'une force de combat, en se drapant dans son orgueil, elle se perd elle-même. C'est, là, l'ascension du vrai peuple. En ne connaissant que le travail, en ne voulant que la justice, il peut avoir foi dans l'avenir.

Oubliant son origine, voulant singer la noblesse qu'elle a supplantée, la bourgeoisie se cramponne sottement aux idées arriérées et en meurt; elle se suicide encore par sa non-procréation. Pendant ce temps, le peuple s'instruit, gagne des places, s'élève, et enfante double. A la fin, celui-ci englobera celle-là.

Pour ajouter au nivellement des classes, c'est encore le prix de la main-d'œuvre qui augmente, le revenu du capital qui diminue. L'argent perd chaque jour de sa valeur. Il n'y aura bientôt plus que le travail pour nourrir l'homme et, quand l'argent ne sera plus qu'un bras pour aider à ce travail, on approchera de la solution de l'entente entre l'ouvrier et le capital, puisque chacun d'eux aura, alors, encore plus besoin de l'autre.

La mode elle-même apporte sa force par son

râteau égalitaire. Avec le veston pour tous, avec le luxe féminin, déjà tout le monde se ressemble aux jours de fête.

Au surplus, on ressent déjà les effets de cette unité rationnelle et de cette juste égalité sociale. Autrefois, il n'y a pas longtemps, il y avait les « monsieurs » et ceux qui ne l'étaient pas, comme, jadis, il y avait les nobles et les manants. Aujourd'hui est « monsieur » qui veut et demain il n'y aura plus que ceux-ci. Ainsi ce sera bien et vrai, parce que les hommes doivent être aussi égaux que possible et que le nivellement est meilleur en élevant ceux d'en bas plutôt qu'en abaissant ceux d'en haut.

※ ※

— Dans tout ce que je viens de dire en finissant, j'ai parlé spécialement pour nos pays; les autres n'en sont pas encore là. Mais je pense que nous sommes une des têtes et que ces autres suivront.

Ainsi, l'avenir, un avenir bien lointain, amè-

nera peut-être l'union de tous. Quel beau rêve !
..... A moins que des aveugles ou des coupables, des utopistes ou des fous, des fauteurs de trouble, ne fassent prendre un mauvais chemin aux hommes et ne provoquent une révolution en arrière, un retour terrible au passé par un coup d'État.

C'est que, si nous devons désirer mieux que ce qui est, si nous devons aspirer au bien, il ne faut pas cependant se perdre dans des sentiers inaccessibles. Il faut se rappeler que l'homme civilisé sort de l'homme-bête et qu'il reviendrait bien vite presque à la bête, en s'écartant du droit chemin de la civilisation.

Vouloir l'impossible, — on ne saurait trop le redire, — c'est demander plutôt le recul. Rappelons nous le passé et profitons des leçons de l'histoire ; elles ne manquent point.

Il y a, en somme, pour les peuples, à bâtir un édifice solide pour leur bonheur ; il n'y a pas à se perdre dans les nuages. Et il n'y a qu'un chemin vrai pour le progrès ; prenez garde aux bifurcations !

Mais quoi ! Ne nous écarterons-nous pas de la bonne voie ? Ne nous en irons-nous pas vers un précipice ? Quelle chute cruelle alors ! Après, ce serait tout à recommencer !...............

Au fait, comme la matière et la vie, l'Humanité doit bien avoir son cycle. J'ai peur !!

Aussi, malgré moi, quand j'envisage combien est difficile le progrès réel et sûr, même là où il semble en bonne voie, quand je compare nos régions, où il semble qu'il y ait un peu à espérer, à la si grande surface du globe où règne toujours la barbarie, je me dis toujours que la fin du monde, si loin soit-elle, arrivera, hélas ! avant que les hommes puissent trouver le bonheur possible, et s'entendre, et s'aimer.

X

M. Jarcot poussa, alors, un long soupir, soupir de regret et de désespérance, et Gaston Rozy reprit à son tour.

— Vous désespérez, vous, monsieur, dit-il; je veux, moi, espérer encore. Pourquoi, maintenant que l'Humanité est déjà, sur bien des points, débarrassée des royautés, n'irait-elle pas de l'avant toujours ? Nous avons, ici et là, des Républiques qui éclairent le monde; ces Républiques tiennent, au moins en germe, l'idéal accessible aux hommes, pourquoi, avec elles, désespérer ? Pourquoi ne pas attendre d'elles, au contraire, le progrès général auquel on doit aspirer ?

En vérité, vous voyez trop noir, monsieur; il me semble, à moi, qu'il y a encore un avenir meilleur et que cet avenir s'approche. En fait, nous ne sommes encore qu'au début de la civilisation ; celle-ci doit fructifier. Maintenant que l'élan est donné, que les voies sont tracées, le mouvement ira vite peut-être. Et, puisque les siècles comptent si peu pour le monde, on peut espérer encore.

— Vous jugez mal, répliqua vivement M. Jarcot. D'abord, si les siècles ne comptent pas pour la matière qui est éternelle, ils comptent justement beaucoup pour l'homme dont la vie est courte, longues les souffrances et l'avenir défini.

Mais laissons, quand même, cette considération et voyons combien vos espérances sont illusoires. Ah ! mais songez donc que depuis plus de mille siècles peut-être, les hommes sont sortis de la vie des singes ; songez que, depuis plus de cinquante siècles, il y a, sur terre, des hommes sociables, des industriels, des artistes et que la civilisation est encore, quand même, insignifiante pour plus de la moitié de l'Humanité ; songez qu'il y a encore, après tant de siècles écoulés, des barbares, de vrais sauvages, et vous conviendrez, avec moi, que c'est à désespérer d'un progrès aussi lent.

Puis, qui sait si cette apparence de civilisation, que nous voyons, pourra seulement persister? Qui sait même si, par la force des choses, par suite de la vie qui se brûle, par la loi des transformations générales et incessantes, nous ne touchons pas, nous, patries à la tête du progrès, à une perturbation complète?

Qui me dit qu'en voulant marcher dans des chemins nouveaux, nous ne nous embourberons pas dans quelques terribles ornières? Qui me dit qu'entraînés par des raisonnements faux, nous ne nous égarerons pas sur des voies qui nous ramèneront en arrière?

Qui me dit que nous ne serons pas envahis un jour par une horde de guerriers? Qui me dit qu'après les uns, ce ne sera pas les autres? Qui me dit même que le péril jaune ne sera pas réel un jour, si, maintenant, il n'est encore qu'imaginaire? Qui me dit qu'après, les siècles aidant, le jaune, à son tour, ne redoutera pas le péril noir? Devant les siècles à venir, on peut tout supposer.

Il y en eut, autrefois, déjà des germes de civilisation presque aussi vivants que les nôtres. Que sont-ils devenus ? Le temps en a triomphé. Où c'était l'espérance du progrès, il n'y a plus que des ruines; souvent pas même des ruines. Voyez Memphis, Babylone, Carthage, et tant d'autres cités illustres. Qui pourrait dire qu'après des siècles, la mort ne sera pas où maintenant est la vie ? Que de réflexions à faire sur le souvenir du passé !

* * *

Et comme Rozy faisait des signes de doute et de dénégation, M. Jarcot poursuivit :

— Oh ! ne niez pas. On ne peut affirmer le contraire; on ne peut que douter. D'ailleurs songez encore que l'excès même de civilisation, si elle est mal comprise, peut nous ramener en arrière. C'est que la civilisation, qui amène le bien-être, peut engendrer aussi la paresse, et pousser aux plaisirs plus ou moins sains. C'est que l'excès de jouissance chez les peuples amène l'avachissement, la diminution de la vitalité, enfin la décadence.

N'oubliez pas non plus que cette décadence peut être le prélude de cet envahissement dont j'ai parlé tout à l'heure. Les peuples faibles sont, en effet, destinés à être absorbés par les peuples forts, lesquels sont plus prolifiques et ont des trop-pleins de vie à déverser là où elle faiblit. C'est la loi des compensations et de l'équilibre.

Vous savez du reste que l'excès de force ruine la plante, que le sauvageon triomphe de la greffe et la nature est la même, insensible et cruelle, pour tous ses enfants. Il comptent tous si peu pour elle, les hommes pas plus que les plantes.

Puis, il y a toujours cette terrible et infernale loi de la vie qui veut que les uns ne soient que par la mort des autres. Et les peuples ne sont là qu'une unité spéciale.

Enfin, si je ne puis savoir l'avenir que nul ne peut connaître, j'ai du moins peur pour nous parce que le passé m'effraie, parce que le présent me trouble et, surtout, parce que je doute des hommes !

***

Là, M. Jarcot s'arrêta pendant que Rozy restait absorbé par les réflexions que provoquaient en lui les dernières paroles du philosophe.

Et ce fut, entre eux, un instant de silence.

Mais, peu après, M. Jarcot se leva et, avec un geste qui disait l'élévation de sa pensée, dit encore :

— Il n'y a pas à le nier pourtant, l'homme, malgré son origine, est beau dans sa forme, dans sa tenue, dans son expression, alors même qu'il n'a pas les qualités physiques de bien des bêtes. Il est beau surtout par son intelligence. Malgré sa faiblesse, l'homme est grand !

Il est vrai que la masse des cervelles humaines est encore peu développée; mais, chez certains, cette même cervelle a pu atteindre un développement moral exceptionnel. A côté de notre instinct bestial, la nature a mis en nous la possibilité d'une grande supériorité et nous n'en savons pas la limite; cela laisse l'espoir.

Favorisé par son intellect, l'homme a déjà triomphé de bien des obstacles. Il a dominé ou asservi les autres êtres; il a pu utiliser à son profit ce qu'il avait sous la main; il est resté le roi de la terre.

Après, il a pu s'élever par les sciences, les lettres, les arts; il a même su produire des chefs-d'œuvre et enfanter des merveilles. S'il n'a pas vaincu les Éléments, il a su du moins s'en mettre très souvent à l'abri et faire des prodiges. Il a même pénétré quelques petits secrets de l'Univers. Et la Science n'est pas à la fin de ses recherches. Qui sait ce que l'homme pourra trouver demain?

Il n'y a pas à le nier non plus, le cœur de l'homme, sur bien des points, est en progrès; ses sentiments s'élèvent plus et grandissent avec son savoir. Sa conscience développée lui montre mieux le mal qui existe, le bien qui devrait être.

S'il y a toujours des monstres, des bourreaux, il y a aussi plus de dévouements, et plus de bien accompli. Il y a plus de bonté et de générosité dans les cœurs. Il y a même un mouvement sérieux de compassion envers les bêtes. On proteste contre leur souffrance pour le plaisir ou le besoin des gens. Quand leur mort est forcée, on la demande douce et rapide.

Il y a surtout, et par-dessus tout, un courant de solidarité entre les hommes. On pense aux malheureux, on veut les secourir; on veut soulager les travailleurs, assurer le sort des vieillards; l'altruisme se développe.

Et c'est, enfin! une révolte sérieuse et puissante contre l'ignoble et épouvantable guerre. Elle effraie, elle indigne; elle apparaît comme un non-sens de la vie, comme une monstruosité, comme une folie de roi au détriment des peuples. On comprend que ceux-ci ne doivent combattre que pour leur défense. Un jour le droit primera peut-être la force.

Au moins ces sentiments-là sont chez nous, chez d'autres, s'ils ne sont pas encore partout, Ils sont nés, ils sont vivants, ils veulent prospérer. Et ils triompheront, je veux le croire encore, malgré tout, avec l'heure des Républiques bien équilibrées, bien cimentées, des Républiques basées sur la justice vraie et réelle.

Ce ne serait plus, cette fois, la sauvagerie qui viendrait enrayer le progrès, ce serait le progrès qui terrasserait la sauvagerie. Enfin le bien aurait vaincu le mal !

Aussi, malgré mon pessimisme qui repose pourtant, hélas ! sur des données bien apparentes, je veux finir mon entretien par un mot d'espérance. C'est si bon d'espérer quand même !

Oui, espérons dans l'avenir ! Espérons que le principe royal et son allié l'obscurantisme religieux, tous deux la négation du progrès, sombreront devant la liberté, devant la raison, et qu'il ne planera, au-dessus de tout, qu'un idéal, qu'un but : l'Humanité !

Espérons que les hommes pourront à la fin s'entendre au lieu de se quereller, qu'ils sauront s'unir pour se soulager, qu'ils aspireront plutôt à se coaliser pour lutter avec plus de succès contre les misères de ce monde, et qu'ainsi la vie pénible, à nous donnée par la nature, pourra être plus heureuse et encore agréablement vécue !

Espérons que la science qui grandit l'esprit, que la pensée qui développe la conscience, nous guideront sans cesse vers des idées toutes de justice et d'amour !

Espérons, enfin ! que l'homme voudra et pourra s'arracher à son origine et dominer entièrement son essence bestiale ; espérons que nous voudrons d'autant plus chercher à nous grandir que nous sentirons, justement, être sortis de plus bas !

Espérons ! !

P.-S.

En classant les notes du reporter Gaston Rozy, lesquelles donnaient les deux interviews que nous venons de publier, nous avons retrouvé le billet d'invitation que nous reproduisons ci-dessous :

MM.

Vous êtes instamment prié de vouloir bien assister aux Obsèques et Enterrement civils de

Jean JARCOT,

Philosophe, Humanitaire,
Homme de Lettres,

né Jehan comte de Falanges,

décédé en son château de la Rochetournée, à l'âge de 74 ans.

Réunion au domicile mortuaire, le 10 Septembre 1907, à 2 heures.

De la part de ses héritiers très reconnaissants :

Pierre et Julie Barut, ses fidèles serviteurs ;
Les pauvres du canton.

𝕻𝖎𝖊𝖚𝖝 𝕾𝖔𝖚𝖛𝖊𝖓𝖎𝖗 !

Dernières volontés du Défunt :
Ni fleurs, ni couronnes, ni discours.
Une simple pierre pour tombe.

IMPRIMERIE E. BERTRAND, CHALON-SUR-SAONE

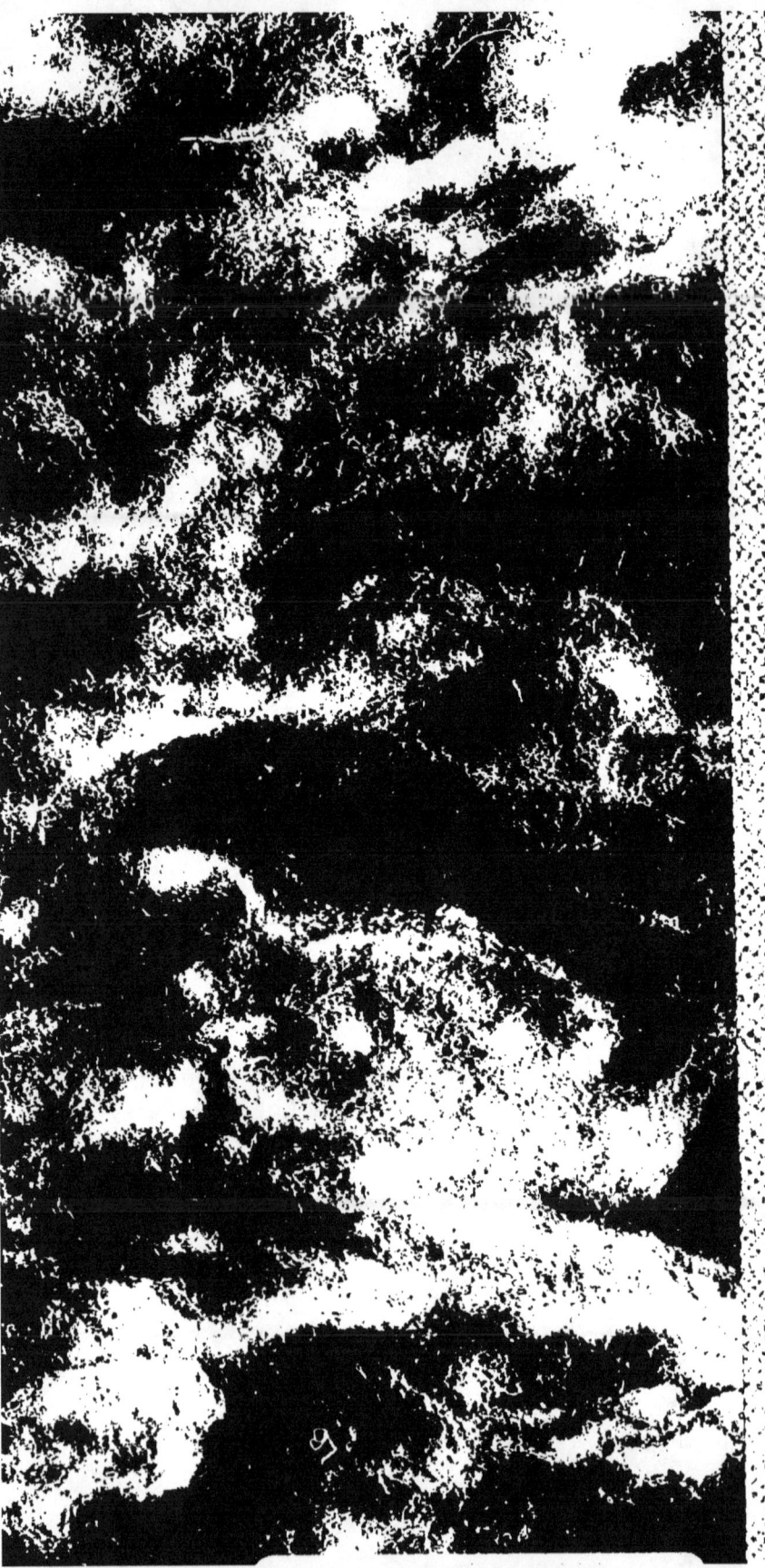

www.ingramcontent.com/pod-product-compliance
Lightning Source LLC
Chambersburg PA
CBHW060634170426
43199CB00012B/1551